Danaë Hartmann

Prüfungsvorbereitung Recht

für die Heilerziehungspflege

1. Auflage

Bestellnummer 50557

Bildungsverlag EINS

Haben Sie Anregungen oder Kritikpunkte zu diesem Produkt?
Dann senden Sie eine E-Mail an 50557_001@bv-1.de
Autorin und Verlag freuen sich auf Ihre Rückmeldung.

Bildquellenverzeichnis

dpa Picture-Alliance GmbH, Frankfurt: S. 45 (dpa-Bildarchiv), 50 (ZB-Fotoreport), 59

Fotolia, New York: S. 9 (Haramis Kalfar), 19 (Dron), 26 (Ilan Amith), 38 (El Gaucho)

MEV Verlag GmbH, Augsburg: S. 12, 34

www.bildungsverlag1.de

Bildungsverlag EINS GmbH
Sieglarer Straße 2, 53842 Troisdorf

ISBN 978-3-427-**50557**-0

Vorwort

In der Abschlussprüfung für Heilerziehungspfleger werden – zumindest in Nordrhein-Westfalen – drei fächerübergreifende Klausuren gestellt, die auf einem umfangreichen Fallbeispiel basieren. Auch im Fach Recht ist daher vom Auszubildenden die Fähigkeit gefordert, ein Fallbeispiel systematisch zu analysieren und einer Lösung zuzuführen. Die Zeiten lediglich abstrakt gestellter Fragen („Was beschreibt die Rechtsfähigkeit?") scheinen endgültig der Vergangenheit anzugehören. Daher finden Sie diese im vorliegenden Buch auch nur noch vereinzelt.

Die Autorin ist neben ihrer Tätigkeit als Rechtsanwältin auch als Dozentin im Bereich der Erwachsenenbildung tätig. Alle Fallbeispiele in diesem Buch sind im Unterricht entstanden bzw. Teil des Fachschulexamens im Bereich des Bildungsgangs Heilerziehungspflege gewesen.

Häufige Nachfragen der Auszubildenden, die über die eigentliche Fallfrage hinausgehen, sind in die Fußnoten eingearbeitet worden.

Der Band ist auf dem Rechtsstand vom Oktober 2009.

Inhaltsverzeichnis

Fallbeispielanalyse juristischer Sachverhalte

Juristische Fälle geben immer einen Lebenssachverhalt wieder. Dieser kann auf einem tatsächlich von Gerichten entschiedenen Fall basieren (hier bieten sich insbesondere die Entscheidungen der obersten Bundesgerichte an), zum anderen auf einem vom Aufgabenerstellter ausgedachten Sachverhalt (sogenannter Schulfall[1]). Kreative Aufgabenersteller nehmen gerne auch mal eine bunte Mischung aus beiden. Egal, worauf das von Ihnen zu lösende Fallbeispiel letztlich basiert, und egal, wie plausibel Ihnen der Sachverhalt erscheint, dieser (und nur dieser) ist einer rechtlichen Lösung zuzuführen. Dabei ist es hilfreich, sich den Sachverhalt nach mehrmaligem Lesen zu visualisieren, ihn wie eine Art Film vor Ihrem inneren Auge ablaufen zu lassen. Fragen Sie sich immer: **Was ist passiert? Wer hat wie gehandelt** und **wer will was von wem?** Dabei hat es sich bewährt, bei allen Konstellationen, in denen mehr als zwei Personen auftauchen, eine kleine Übersichtsgrafik anzufertigen. Die oben genannten Fragen müssen Ihnen klar sein, bevor Sie mit Ihrer Niederschrift beginnen. Ist dies nicht der Fall, so lösen Sie im schlimmsten Fall einen anderen Sachverhalt. Die Bewertung kann dann nicht mehr besonders gut sein, denn Sie haben die Ihnen gestellte Aufgabe ja nicht gelöst. Also: nichts dazu erfinden, aber auch nichts weglassen.

Merksatz
Was im Sachverhalt steht, ist (und sei es noch so unwahrscheinlich). Was nicht im Sachverhalt steht, ist nicht.

Um dies zu bewerkstelligen, haben Juristen eine bestimmte Vorgehensweise entwickelt. Diese Technik nennt sich **Gutachtenstil** oder auch **Subsumtion** und besteht aus einem Dreier-Schritt. Im ersten Schritt muss dabei die Rechtsnorm gefunden werden, die einschlägig erscheint, den geschilderten Lebenssachverhalt einer rechtlichen Lösung zuzuführen (dies ist oft sogar der schwerste Teil der Aufgabe). Im zweiten Schritt wird geprüft, ob alle tatbestandlichen Voraussetzungen dieser Rechtsnorm im zu lösenden Fall gegeben sind. Es wird also geprüft, ob der im Gesetz normierte Fall vorliegt, der Sachverhalt wird unter dem Blickwinkel des Gesetzes gesehen (subsumiert). Ob dies der Fall ist oder nicht, ist in einem dritten Schritt als Ergebnis der Prüfung festzuhalten. Als Auszubildende in einem sozialen Beruf wird von Ihnen diese Technik wohl nicht verlangt werden. Anders sieht das aber beispielsweise in der Ausbildung zum Verwaltungsfachangestellten oder auch in Studiengängen der sozialen Arbeit aus. Aber Sie können sich bei Ihrer Lösung dennoch an diesem Schema orientieren, denn damit machen Sie nie etwas falsch, und es hilft Ihnen, einen guten Aufbau für Ihre Falllösung zu finden[2].

Unabdingbar ist auf jeden Fall das Studium der einschlägigen Gesetzestexte, auch wenn es manchmal im Fachschulexamen nicht gefordert wird. Im Buchhandel gibt es Textsammlungen speziell für soziale Berufe. Diese enthalten die wichtigsten Gesetze für die Arbeit in diesem Bereich.

Ohne Arbeit mit dem Gesetz stehen manche Aussagen auch in diesem Buch quasi im „luftleeren Raum“. Seien Sie gewiss – die Behörden kennen die Gesetze ganz genau. Wollen Sie als Heilerziehungspfleger/in demnach eine Art von „Waffengleichheit“ bei Ihrem Einsatz für Ihren Klienten herbeiführen, so führt an Ihrer genauen Gesetzeskenntnis kein

---

[1] *Das bedeutet etwa, dass Sie sich in der Regel mit Beweisproblemen nicht abgeben müssen (außer es ist ausdrücklich danach gefragt).*

[2] *Daher finden Sie in diesem Buch auch einige ausgewählte Falllösungen im Gutachtenstil.*

Weg vorbei. Daneben kann die Kenntnis von Entscheidungen (insbesondere der obersten Bundesgerichte wie dem Bundesgerichtshof, dem Bundesarbeitsgericht oder dem Bundessozialgericht) ebenfalls nicht schaden. Daher finden Sie auch in diesem Buch Hinweise auf Gerichtsentscheidungen (insbesondere im Bereich des Arbeitsrechts, da hier das Bundesarbeitsgericht rechtsfortbildend „unterwegs" ist).

Grundsätzlich gilt zwar der schöne Satz: zwei Juristen – drei Meinungen! Jedoch sind die Fälle in diesem Buch so konzipiert, dass das Ergebnis immer ein klares „Ja" oder „Nein" ist.

Merksatz
Für einen lang anhaltenden Lernerfolg gilt: erst einmal selber knobeln, ob „Ja" oder „Nein" (und vor allem WARUM?). Und erst dann die Lösung nachschlagen!

Abkürzungsverzeichnis

AG	Aktiengesellschaft
ArbGG	Arbeitsgerichtsgesetz
Art.	Artikel (des Grundgesetzes)
BAG	Bundesarbeitsgericht
BGB	Bürgerliches Gesetzbuch
BetrVG	Betriebsverfassungsgesetz
BFH	Bundesfinanzhof
BGH	Bundesgerichtshof
BUrlG	Bundesurlaubsgesetz
BVerfG	Bundesverfassungsgericht
EFZG	Entgeltfortzahlungsgesetz
EStG	Einkommenssteuergesetz
e.V.	eingetragener Verein
FamRZ	Zeitschrift für das gesamte Familienrecht
ff.	folgende (Paragrafen)
GewO	Gewerbeordnung
GG	Grundgesetz
(g) GmbH	(gemeinnützige) Gesellschaft mit beschränkter Haftung
GVG	Gerichtsverfassungsgesetz
KSchG	Kündigungsschutzgesetz
LAG	Landesarbeitsgericht
LM	Das Nachschlagewerk des Bundesgerichtshofes in Zivilsachen, herausgegeben von Lindenmaier und Möhring
LSG	Landessozialgericht
NachweisG	Nachweisgesetz
NZA	Neue Zeitschrift für Arbeitsrecht (Zeitschrift)
NJW	Neue Juristische Wochenschrift (Zeitschrift)
NJW-RR	Neue Juristische Wochenschrift Rechtsprechungs-Report (Zeitschrift)
SGb	Sozialgerichtsbarkeit (Zeitschrift)
SGB	Sozialgesetzbuch (Bücher jeweils I – XII)
StGB	Strafgesetzbuch
WfbM	Werkstatt für Menschen mit Behinderung
WVO	Werkstättenverordnung
ZPO	Zivilprozessordnung

1 Grundfragen des Rechts

Um die folgenden Fälle bearbeiten zu können, sollten Sie über Wissen zu diesen Themen verfügen:

- Sie wissen, wer im deutschen Recht Rechtssubjekt sein kann.
- Sie wissen, wie die (Fach-)Gerichtsbarkeiten aufgebaut sind und mit welchen Rechtsgebieten sich diese jeweils befassen.
- Sie wissen um den Instanzenzug innerhalb der jeweiligen Fachgerichtsbarkeit.

1.1 Gerichtsbarkeiten

Aufgabe 1:

Die „Samariter GmbH" ist Trägerin eines Krankenhauses in Hartheim. Da sie zusätzlich zum bereits bestehenden Gebäudekomplex einen Neubau errichten möchte, stellt sie beim örtlich zuständigen Bauamt Antrag auf die Erteilung einer entsprechenden Baugenehmigung. Diese wird ihr versagt. Die GmbH erhebt daraufhin, ordnungsgemäß vertreten, Klage zum Amtsgericht. Dies lehnt die Klage (korrekt) als unzulässig ab. Die Mitarbeiterin Monika Schmitz versteht daraufhin die Welt nicht mehr.

Können Sie ihr das Handeln des Amtsgerichtes erklären?

Aufgabe 2:

Der Behinderte Gustav Neumann ist mit einer Klage gegen die Stadt Westheim auf die Gewährung von Eingliederungshilfe für Menschen mit Behinderung in zweiter Instanz gescheitert.

Frage 1: Welches Gericht hat das klageabweisende Urteil erlassen?

Hinweis: Welches Gericht auf dieser Ebene örtlich zuständig gewesen ist, brauchen Sie nicht zu erläutern.

Frage 2: Der Rechtsanwalt von Gustav meint: „Dann machen wir eben weiter!". Erläutern Sie, was der Rechtsanwalt damit meint.

Aufgabe 3:

Die Heilerziehungspflegerin Trude Trautmann erschien in den letzten Wochen mehrfach zu spät an ihrem Arbeitsplatz. Daraufhin zog ihr ihr Arbeitgeber, der Hilfe für Menschen mit Behinderung Nordstadt e. V., insgesamt 200,00 Euro von ihrem nächsten Monatsgehalt ab. Trude entsinnt sich des während der Ausbildung genossenen Rechtskundeunterrichts und der dort mehrfach gefallenen Aussage, bei Ansprüchen bis einschließlich 5.000,00 Euro müsse man zum Amtsgericht gehen. Sie reicht daher eine Klageschrift beim Amtsgericht ein und ist der Ansicht, damit werde es schon seine Richtigkeit haben.

Teilen Sie diese Ansicht?

Aufgabe 4:

Die Heilerziehungspflegerin Hilda Hilfreich hat Ärger. Sie hat der Behinderten Belinda Brumm in Köln einen Heimplatz vermittelt, wofür sie eine Vermittlungsgebühr in Höhe von 500,00 Euro von dieser bekommen sollte. Nach erfolgtem Einzug ins Heim zahlt Belinda nicht. Hilda will nun ihren berechtigten Anspruch geltend machen.

Aber vor welchem Gericht? Bitte beantworten Sie die Frage in Satzform und begründen Sie Ihre Antwort.

Aufgabe 5:

Nach erfolgreich bestandenem Fachschulexamen schließt der Heilerziehungspfleger Herbert Hummel mit der Behindertenhilfe Heimer Land g GmbH einen Arbeitsvertrag ab. Als Herr Hummel im Herbst öfter nicht pünktlich bei Arbeitsbeginn erscheint, werden ihm diese Fehlzeiten seitens der Arbeitgeberin nicht bezahlt. Herr Hummel ist empört. Er habe immer rechtzeitig seine Wohnung verlassen. An seinem verspäteten Erscheinen trügen allein die Verkehrsbetriebe des öffentlichen Personennahverkehrs die Schuld, die wie jedes Jahr vom Herbstlaub „überrascht" worden seien. Herr Hummel überlegt, vor welchem Gericht er seine Arbeitgeberin verklagen müsste. Außerdem erinnert er sich noch dunkel an seine Ausbildungszeit und dass dort im Rechtskundeunterricht von Besonderheiten hinsichtlich des von ihm vorgesehenen Rechtswegs die Rede war.

Erläutern Sie.

1.2 Rechtspersonen

Aufgabe 1:

Die in einer Einrichtung lebende Seniorin Mathilde Kunz ist mittlerweile über 90 Jahre alt. Mathilde setzt ein Schreiben auf, in dem sie all ihr Hab und Gut ihrem über alles geliebten Wellensittich „Pucki" vermacht.

Frage 1: Ist dies rechtlich möglich? Begründen Sie Ihre Antwort.

Hinweis: Gehen Sie davon aus, dass Frau Kunz nicht unter Betreuung steht.

Frage 2: Wie wäre es, wenn Frau Kunz nicht „Pucki“, sondern ihre fünfjährige Urenkelin Jennifer bedenken würde?

Aufgabe 2:

In der von Ihnen betreuten Familie muss sich die 30 Jahre alte Mutter Maria Melzer einer Operation im Krankenhaus unterziehen. Träger des Krankenhauses ist die „Barmherzige Samariter g GmbH“. Alle Gesellschaftsanteile werden von der römisch-katholischen Kirche gehalten. Geschäftsführer der g GmbH ist Herr Traugott Helferlein. Dieser und Frau Melzer haben den Vertrag unterschrieben, in dem festgelegt ist, wie und wann Frau Melzer operiert werden soll.

Wer ist Frau Melzers Vertragspartner? Begründen Sie Ihre Antwort!

Aufgabe 3:

Die Behindertenhilfe Weststadt war bisher in Form eines eingetragenen Vereins organisiert. Nachdem immer mehr Einrichtungen der Behindertenhilfe im näheren Umfeld sich in Form einer „g GmbH“ organisieren, wird innerhalb des Vereins ein derartiger Schritt heftig diskutiert. Die Mitarbeiterin Monika Nacht erklärt Ihnen gegenüber, sie habe dazu keine Meinung, da sie zu wenig Informationen habe.

Stellen Sie für Ihre Kollegin bitte einige Informationen zusammen.

2 Zur Rechtsstellung von Eltern und Kindern

Kinder und Eltern haben gegenseitige rechtliche Verpflichtungen

Aufgabe 1:

Die (ehelichen) eineiigen Zwillinge Heather und Erica sind mittlerweile 16 Jahre alt. Beide Zwillinge erhalten von ihren Eltern jeweils 25,00 Euro Taschengeld im Monat, das sie ausgeben können, wie sie wollen. Heather hat vier Monate lang ihr Taschengeld gespart und kauft im Geschäft des Designers Fäschen-Viktim ein hochmodernes bauchfreies Top zum Preis von 100,00 Euro. Erica ist neidisch. Sie geht ebenfalls zu Fäschen-Viktim und schließt mit diesem einen Kaufvertrag über ein ähnliches Kleidungsstück. Da sie leider aber nur 10,00 Euro Taschengeld übrig hat, vereinbart sie mit ihm, den restlichen Kaufpreis in neun Raten zu jeweils 10,00 Euro „abzustottern“. Als auch die zweite Tochter mit einer „völlig überteuerten Klamotte“ nach Hause kommt, reagieren die Eltern entsetzt. Sie wollen am liebsten beide Verträge, zumindest aber den von Erica geschlossenen Vertrag „annullieren“.

Geht dies?

Aufgabe 2:

Claudia Nachtigall ist seit 17 Jahren mit Franz Nachtigall verheiratet. Sie gebiert das Baby Benjamin. Claudia hat begründeten Anlass zu der Annahme, dass nicht ihr Ehemann Benjamin gezeugt hat, sondern der Schlagersänger Lothar Luft. Auch Franz hegt einen entsprechenden Verdacht. Es ist ihm aber letztlich egal, da er seit Jahren einen geheimen Kinderwunsch hegte und ihn die vielen kinderlosen Jahre seiner Ehe sehr bedrückten.

Wer hat die elterliche Sorge für Benjamin? Was umfasst diese im Einzelnen?

Aufgabe 3:

Udo Unruh und Ute Unkonventionell lehnen beide übereinstimmend die Ehe als „bürgerliche Fessel“ ab. Nun ist Ute von Udo schwanger. Ute fragt Sie, ob auch Udo nach der Geburt die elterliche Sorge für das Kind haben werde, schließlich sei er ja der leibliche Vater.

Aufgabe 4:

Frau Hinz und Herr Kunz leben schon seit einigen Jahren als Paar zusammen. Sie haben die gemeinsame Tochter Pamela. Herr Kunz hat seinerzeit direkt nach Pamelas Geburt die Vaterschaft anerkannt. Kurz bevor Pamela in den Kindergarten kommt, heiraten die Eltern, da sie sich und Pamela „ständige Nachfragereien“ ersparen wollen.

Beurteilen Sie im vorliegenden Fall die Rechtsstellung von Pamela hinsichtlich der Frage, wer ihre Eltern sind und wer für sie die elterliche Sorge ausübt. Haben sich durch die Heirat hier Änderungen ergeben?

Aufgabe 5:

Nachdem der Hochzeitstrubel heil überstanden ist, wollen sich Frau Hinz und Herr Kunz[3] nunmehr um einen Kindergarten mit einem pädagogischen Konzept bemühen, der ihrer Pamela eine möglichst gute Förderung gewährleistet. Herr Kunz zeigt sich nach einer Besichtigung insbesondere vom örtlichen „Montessori-Kindergarten“ begeistert, während Frau Hinz den „Waldorf-Kindergarten“ favorisiert. In der noch jungen Ehe kommt es nunmehr zum ersten erbitterten Streit. Die Fronten sind verhärtet, keiner der beiden Eheleute will nachgeben.

Wie kann dieser Konflikt rechtlich gelöst werden?

Aufgabe 6:

Die minderjährige Freya Fromm ist mit der streng an den Dogmen der römisch-katholischen Kirche orientierten religiösen Unterweisung durch ihre Eltern gar nicht einverstanden. Insbesondere der jeden Sonntag erfolgende zweimalige Kirchgang ist ihr zuwider. Eine Woche, nachdem Freya 14 Jahre alt geworden ist, erklärt sie daher auf dem Amtsgericht ihren Austritt aus der römisch-katholischen Kirche. Die entsprechende Urkunde präsentiert sie ihren empörten Eltern am darauffolgenden Sonntag. Diese sind besonderes entrüstet darüber, dass der Rechtspfleger den Austritt von Freya so einfach „abgenickt“ habe und sind der Ansicht, dies habe er ohne ihre Zustimmung niemals tun dürfen, schließlich sei Freya ja wohl immer noch minderjährig.

Hat das Ehepaar Fromm Recht?

Aufgabe 7:

Ihre Bekannte Frederike Fürsorglich ist die Patentante der mittlerweile elf Jahre alten Jasmina Jauernig. Jasminas Eltern sind vor wenigen Tagen beide bei einem Autounfall ums Leben gekommen. Aufgelöst ruft Frederike Sie heute an. Nicht nur trauere sie um ihre beiden alten Freunde, auch mit ihrer neuen Aufgabe als Jasminas Vormund fühle sie sich völlig überfordert.

Bitte erläutern Sie Ihrer Bekannten die Rechtslage.

Aufgabe 8:

Mutter Marion und Vater Valentin Schmitz sind seit zwei Jahren geschieden. Damals hat keiner von beiden im Scheidungsverfahren beantragt, das Recht der elterlichen Sorge für den damals zwölf Jahre alten gemeinsamen Sohn Gottfried allein übertragen zu bekommen.

---

[3] *aus Aufgabe 4*

Gottfried hat die Scheidung leider nicht so gut verkraftet, was sich deutlich in seinen schulischen Leistungen niedergeschlagen hat. Um seine „gymnasiale Karriere“ zu retten, schlägt Marion ihm daher einen Internatsbesuch einer Schule auf einer Nordseeinsel vor. Gottfried, der die Insel von früheren Urlaubsaufenthalten kennt und die See liebt, ist einverstanden. Der Internatsaufenthalt kostet pro Monat eine vierstellige Summe. Mutter Marion möchte Gottfried nun allein an der Schule anmelden. Sie fragt daher Sie, ob das rechtlich geht.

Begründen Sie bitte Ihre Antwort an Gottfrieds Mutter!

Aufgabe 9:

Der nunmehr 18 Jahre alte Bastian Förster hat bei der Geburt infolge Sauerstoffmangels einen Gehirnschaden erlitten. Der Vater von Bastian konnte die damit einhergehenden schweren körperlichen und kognitiven Einschränkungen von Bastian nicht ertragen und reichte umgehend die Scheidung ein. Empört beantragte Bastians Mutter beim Gericht daraufhin das alleinige Sorgerecht, welches ihr auch zugesprochen wurde. Im Sommer wird Bastian die Förderschule für geistige Entwicklung verlassen, die er bislang in seinem Heimatort besucht. Seine Mutter beantragt daher heute beim zuständigen Amt, Bastian ab diesem Zeitpunkt Eingliederungshilfe für Menschen mit Behinderung nach dem SGB XII zu gewähren. Bastian nennt kein nennenswertes Vermögen sein eigen.

Warum wird das Amt den Antrag trotzdem ablehnen? Was kann die Mutter tun?

Aufgabe 10:

Helena Hoffmann (18 Jahre) und Dieter Dunkel (17 Jahre) sind nicht miteinander verheiratet, als ihr Sohn Severin geboren wird. Die beiden würden gerne gemeinsam die elterliche Sorge für Severin übernehmen.

Ist dies rechtlich möglich?

Aufgabe 11:

Frau Bertha Bilse hat mit ihrer damaligen Zukunftsbekanntschaft Ludwig Luftikus die gemeinsame heute vierjährige Tochter Thusnelda. Kurz nach deren Geburt haben die beiden geheiraten. Sie stellen aber sehr schnell fest, dass sich ihre Lebensplanungen doch sehr voneinander unterscheiden (Frau Bilse ist Finanzbeamtin, Herr Luftikus (Lebens-) Künstler). Im Scheidungsverfahren beantragt und erhält Frau Bilse das alleinige Sorgerecht für die gemeinsame Tochter. Herr Luftikus hatte nichts dagegen, zumal er sich zu dieser Zeit oft monatelang in Indien, Nepal und Tibet aufhielt. Da Herr Luftikus diesem unsteten Lebenswandel auch weiterhin frönte, gab Frau Bilse gegenüber dem Jugendamt die Erklärung ab, dass Herr Luftikus ihrer Ansicht nach keinerlei Verantwortung im Hinblick auf Thusnelda bekommen solle, sollte ihr einmal etwas zustoßen. Diese Erklärung wurde von der Jugendamtsmitarbeiterin zur Akte genommen. Eine Woche darauf verunglückte Frau Bertha Bilse auf dem Weg zu ihrer Arbeitsstätte im Straßenverkehr und verstarb noch an der Unfallstelle.

Erläutern Sie die rechtliche Lage im Hinblick auf das Sorgerecht.

Aufgabe 12:

Die 14-jährige Carolin hat einen sehr spendablen, gut situierten 50jährigen Onkel. Dieser gibt Carolin anlässlich ihrer Konfirmation 300,00 Euro mit den Worten, davon solle sie sich „etwas Schönes kaufen". Als Carolins Eltern später hiervon erfahren, sind sie entsetzt, da sie sich bereits vor Jahren mit dem Onkel zerstritten haben. Auf keinen Fall möchten sie, dass Carolin bei ihrem Onkel „in der Schuld steht".

Begründen Sie, ob Carolins Eltern, die miteinander verheiratet sind, in dieser Situation rechtliche Handhabe haben.

Aufgabe 13:

Carolin aus Fall 12 hat sich von dem Geld beim örtlichen Schuhmachermeister Ernst Knoop ein Paar schwarze Lederstiefel anfertigen lassen, die ihr über die Knie bis auf den Oberschenkel reichen. Nach Bezahlung erreicht sie angetan mit den Stiefeln, welche sie gleich in der Schusterwerkstatt anzog sowie einer Tüte mit ihren alten Halbschuhen in der Hand stolz das elterliche Eigenheim. Ihre Eltern, die gerade im Garten Tomaten pflanzen, fallen fast um. Sie wollen eine derartige „unanständige" Aufmachung ihrer Tochter nicht dulden. Da die Eltern nicht glauben, dass Carolin die Stiefel brav im Schrank stehen lassen wird, bis sie 18 Jahre alt ist, wollen diese sie am liebsten „zurückgeben".

Haben die Eltern in dieser Situation die entsprechende rechtliche Handhabe?

Aufgabe 14:

Frau Luise Lustig ist kein Kind von Traurigkeit. Sie hat immer wieder wechselnde Partner, von denen sie sich nach einigen Monaten (aufgrund ihrer verbindlichen Art zumeist in gutem Einvernehmen) trennt. Auch Herr Balduin Bock ist einer ihrer zahlreichen „Ex-Freunde". Zum Abschied hat ihr dieser allerdings ein „Geschenk" in Form des Babys Herrmann hinterlassen. Herr Bock zahlt sowohl Kindesunterhalt für Herrmann als auch Betreuungsunterhalt für Luise. Ihren unsteten Lebenswandel im Bereich der „Beziehungskisten" führt Luise nach wie vor fort, ohne dass Pflege und Erziehung von Herrmann darunter leiden. Frau Lustig und Herr Bock haben vereinbart, dass Herr Bock seinen Sohn regelmäßig besuchen und auch für ein Wochenende im Monat zu sich holen darf. Diese Regelung reicht Herrn Bock aber nicht. Er hätte gerne ein Mitspracherecht dahingehend, wie sein Sohn erzogen werden soll.

Kann er dies gegen den Widerstand von Luise gerichtlich durchsetzen?

Aufgabe 15:

Franz Nachtigall aus Aufgabe 2 erkrankt an Krebs, als Benjamin gerade einmal zwei Jahre alt ist. Seine Ehefrau Claudia wird mit der Situation nicht fertig, zumal bereits ihre beiden Eltern an dieser Krankheit verstorben sind und sie sehr große Angst davor hat, selbst eines Tages hieran zu erkranken. Die Eheleute setzen ein gemeinschaftliches Testament auf, das sie ihrem Notar zur Verwahrung übergeben. Darin legen sie unter anderem fest, dass vor ihrer beider Ableben vor Benjamins 18. Geburtstag auf keinen Fall Lothar Luft Vormund von Benjamin werden soll. Kurz darauf verstirbt Franz. Claudia verfällt in schwere Depressionen. Gleichzeitig steigern sich ihre Ängste, angesichts der familiären Vorbelastung ebenfalls an Krebs zu erkranken. Ein Jahr nach Franz' Versterben wählt Claudia daher den Freitod. Lothar Luft, der schon länger den Verdacht hegt, der leibliche Vater von Benjamin zu sein, bemüht sich nunmehr bei Gericht um die Vormundschaft für Benjamin.

Wird sein Bemühen von Erfolg gekrönt sein?

Aufgabe 16:

In ihrem Testament hat das Ehepaar Nachtigall aus Aufgabe 2 und 15 weiterhin festgelegt, dass Frau Gesine Nachtigall, die betagte Mutter von Franz Nachtigall für den Fall ihres beidseitigen Ablebens vom Gericht zum Vormund von Benjamin bestellt werden soll. So geschieht es auch. Als Benjamin allerdings zehn Jahre alt wird, beginnt bei Frau Nachtigall eine Demenz-Erkrankung. Mit ihren geistigen Kräften geht es zusehends bergab. Die Nachbarn haben die Situation längere Zeit beobachtet und sind auch gelegentlich eingesprungen, wenn Frau Nachtigall wieder einen „besonders dunklen Tag" hatte und haben sich entsprechend gekümmert. Die Nachbarn sind sich untereinander jedoch einig, dass sie die Situation nicht langfristig werden auffangen können, zumal in vielen dieser Familien beide Elternteile berufstätig sind. Sie haben sich daher hilfesuchend an das zuständige Amtsgericht gewandt.

Was wird das Gericht in dieser Situation tun?

Aufgabe 17:

Das Ehepaar Schlageter ist seit fünf Jahren verheiratet und hat die vierjährige Tochter Theodora. Theodora ist behindert, was die Ehe ihrer Eltern in eine tiefe Krise gestürzt hat. Eines Abends geht Herr Schlageter „nur mal eben kurz Zigaretten holen" und kehrt von diesem Gang nicht zurück.

Wer übt in dieser Situation die elterliche Sorge für Theodora aus?

Aufgabe 18:

Adelheid und Eleonore sind zwei Frauen, die in eingetragener Lebenspartnerschaft zusammenleben. Beide würden ihre Beziehung gerne mit einem Kind krönen. Siegfried, der Bruder von Eleonore, ist von Beruf Arzt. Er erklärt sich bereit, für die Erfüllung des Kinderwunsches seinen Samen zur Verfügung zu stellen. In Annegret Arm finden Adelheid und Eleonore alsbald eine Frau, die gegen Zahlung von 50.000,00 Euro bereit ist, ein mit dem Samen von Siegfried befruchtetes Ei von Adelheid im Wege der Leihmutterschaft auszutragen. So geschieht es. Als das Baby Kunigunde geboren ist, will Annegret es nicht mehr hergeben.

Frage 1: Wer ist Mutter von Kunigunde im Rechtssinne?

Frage 2: Haben die beiden Lebenspartnerinnen gegenüber Frau Arm rechtliche Handhabe?

Aufgabe 19:

Die Eheleute Mathilde und Veit Vogel haben ein zehnjähriges Kind, Kevin-Marvin. Die Eheleute haben seinerzeit nicht nur standesamtlich, sondern auch kirchlich geheiratet. Es handelte sich um eine ökomenische Hochzeit, da Valentin evangelisch-lutherischer, Mathilde jedoch römisch-katholischer Konfession ist. Das gemeinsame Kind haben die Eheleute im gemeinsamen Einvernehmen von seiner Geburt an bis dato evangelisch-lutherisch erzogen. Gegen den Willen von Mathilde wird das Ehepaar nunmehr geschieden. Weder sie noch Valentin haben im Scheidungsverfahren einen Antrag auf Übertragung der alleinigen elterlichen Sorge für Kevin-Marvin gestellt. Mathilde erlebt infolge der Scheidung eine schwere persönliche Krise. In der Folgezeit findet sie Trost in dem römisch-katholischen Dogma, dass sie noch immer verheiratet sei. Sie möchte daher nunmehr auch Kevin-Marvin, der seit der Scheidung bei ihr lebt, fortan in diesem Bekenntnis erziehen.

Ist dies rechtlich so ohne Weiteres zulässig?
(Anmerkung: Religionsmündig würde Kevin-Marvin erst mit 14 Jahren. Auf diesen Punkt brauchen Sie also nicht einzugehen.)

Aufgabe 20:

Lieselotte Kaltwasser ist die nichteheliche Mutter des wenigen Wochen alten Babys Bella. Sie kann sich nicht um ihr Kind kümmern, da sie selbst schwerwiegende Probleme (Heroinabhängigkeit) hat. Lieselotte gibt daher Bella zur Adoption frei, da sie dies für das Beste hält. Bella wird von dem reichen Ehepaar Hahn adoptiert. Herr und Frau Hahn richten in der Folge ein Treuhandkonto für Bella ein, auf das sie sofort 1 Million Euro einzahlen. In der Zwischenzeit hat Lieselotte schwere Depressionen bekommen, da sie es nicht verwinden kann, ihr Kind weggegeben zu haben. Sie ist daher in die ein psychiatrisches Landeskrankenhaus eingewiesen worden. Der Platz kostet im Monat mehrere tausend Euro. Lieselotte ist weder gesetzlich noch privat krankenversichert. Der zuständige Sozialhilfeträger tritt nun an Bella heran, um diese an den Kosten der Unterbringung ihrer leiblichen Mutter zu beteiligen. Bei dem Vermögen, welches sie mittlerweile ihr Eigen nenne, tue ihr das doch nicht weh.

Muss Bella zahlen? Begründen Sie Ihre Antwort!

Aufgabe 21:

Margarete Blume ist seit ihrer Geburt infolge eines hierbei erlittenen Sauerstoffmangels geistig behindert. Ihre Eltern haben sich immer vorbildlich um sie gekümmert. Vor drei Monaten ist Margarete achtzehn Jahre alt geworden. Dies wurde im Familienkreis groß gefeiert. Weiter geschah nichts.

Regelmäßig wird Margarete, die gesundheitlich sehr anfällig ist, von ihren Eltern jedes Vierteljahr dem langjährigen Hausarzt der Familie vorgestellt. Dabei hat es sich so eingebürgert, dass der Arzt Margarete zunächst untersucht und im Anschluss hieran die Eltern zum (in der Regel kurzen) Gespräch in sein Besprechungszimmer bittet. Margarete wird während des Gespräches von der MTA des Arztes betreut. Als die Eltern heute mit Margarete den Arzt aufsuchen, untersucht dieser sie und bittet im Anschluss daran wie üblich in den Besprechungsraum. Er fragt nach, ob die Angabe des Geburtsdatums von Margarete auf deren Krankenkassenkarte stimme. Dies bejahen die Eltern (etwas verwirrt) und fragen sodann nach Margaretes Gesundheitszustand. Der Arzt verweigert hierzu jegliche Auskunft.

Zu Recht?

Aufgabe 22:

Die Ehe von Herrn und Frau Klein war immer ein stetiges Auf und Ab. Herr Klein ist vor über einem Jahr aus der gemeinsamen Wohnung ausgezogen und stellte nach einem Jahr der Trennung Scheidungsantrag. Da es sich bei der Beziehung zwischen den Eheleute um eine Art „Hassliebe“ handelte, hatte man trotz des Getrenntlebens immer wieder einmal intime Kontakte miteinander. Das Scheidungsurteil wird am 17.08. rechtskräftig. Am 18.09. bringt Frau Klein einen Sohn zur Welt. Beide ehemaligen Eheleute sind der Ansicht, dass dies ein gemeinsames Kind ist und geben ihm den Namen Hans.

Wer ist rechtlich Vater von Hans?

Abwandlung:

Nehmen Sie an, Herr Klein ist tatsächlich der leibliche Vater von Hans. Während der Schwangerschaft lernte Frau Klein allerdings Herrn Groß kennen und lieben. Herr Groß machte ihr den Vorschlag, die Vaterschaft für das Kind bereits vor dessen Geburt anzuerkennen, damit man „eine richtige Familie“[4] sei. Frau Klein, die sich nach den bewegten Zeiten nach Stabilität in ihrem Leben sehnte, stimmte zu. Mit Zustimmung von Frau Klein erkannte Herr Groß daher die Vaterschaft für Hans an. Er zog bei Frau Klein ein und unterstützte Frau Klein fortan bei der Säuglingspflege und der Erziehung des Kindes. Erst jetzt gibt Frau Klein ihrem Ex-Mann darüber Bescheid, dass ihr Lebensgefährte die Vaterschaft für Hans anerkannt hat.

Herr Klein ist empört, dass ein „Fremder“ rechtlich der Vater „seines“ Sohnes sein soll. Er ist auch gerne bereit, zu beschwören, dass er mit seiner damaligen Ehefrau zur Zeit der Empfängnis des Kindes sexuelle Kontakte hatte.

Was kann Herr Klein in dieser Situation rechtlich tun?

---

[4] *Fall aus der Praxis der Autorin*

3 Das Sozialgesetzbuch IX (SGB IX)

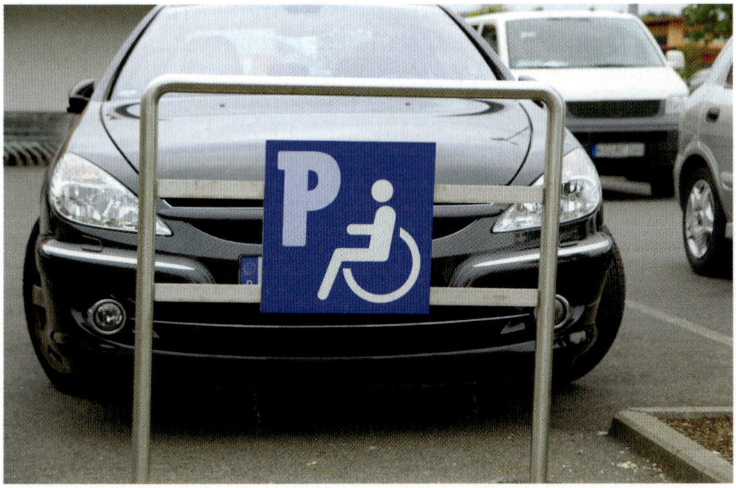

Im Gegensatz zum Fürsorgeprinzip, das früher das (Schwer-)Behindertenrecht dominierte, ist es heute Ziel des Gesetzgebers, Menschen mit Behinderung ein möglichst selbstbestimmtes und eigenverantwortliches Leben zu ermöglichen. Im SGB IX und anderen Gesetzen sind daher verschiedene Regelungen enthalten, die behinderungsbedingte Nachteile dieser Menschen oder auch die ihnen aufgrund ihrer Behinderung entstehenden Mehraufwendungen ausgleichen sollen.

Dabei müssen Sie sich stets vor Augen halten, dass das SGB IX selbst kein Leistungsgesetz ist. Es ist daher immer in seinem Zusammenspiel mit anderen Gesetzen (insbesondere den anderen Sozialgesetzbüchern) zu sehen.

Aufgabe 1:

Gudrun Weise ist schwerbehindert und bekommt aufgrund ihrer Behinderung vom Landschaftsverband Rheinland (LVR) Hilfen zum ambulanten, selbstständigen betreuten Wohnen. Jeden Mittwochnachmittag kommt für vier Stunden die Mitarbeiterin eines Fachdienstes im Rahmen sogenannter Fachleistungsstunden vorbei. Diese Mitarbeiterin wird vom LVR für diese Dienstleistung vergütet. Gudrun Weise ist mit der Situation unzufrieden. Viel lieber würde sie Hertha Heim, eine junge Hausfrau aus der Nachbarschaft, damit beauftragen, die Dinge zu erledigen, die sie selbst nicht erledigen kann (wie Einkaufen, Böden schrubben etc.). Hertha könnte aufgrund der räumlichen Nähe zeitlich viel flexibler für Gudrun tätig sein als die Mitarbeiterin des Fachdienstes.

Gudrun fragt daher Sie, ob (und gegebenenfalls wie) man die von ihr gewünschte Änderung ihrer Lebenssituation herbeiführen kann.

Aufgabe 2:

Anton Alt hat mittlerweile sein 80. Lebensjahr vollendet. Die Besorgungen, die er für den Haushalt macht, gehen ihm nicht mehr so leicht von der Hand wie früher, insbesondere fürs Einkaufen braucht er viel mehr Zeit als noch vor einigen Jahren. Außerdem muss er zum Lesen seit neuestem eine Brille benutzen. Anton klagt daher gegenüber seinem Enkel Edwin, er sei mittlerweile „ein Behinderter“.

Frage 1: Beurteilen Sie unter Heranziehung des Behindertenbegriffes des SGB IX, ob Anton Recht hat.

Frage 2: Wie stehen die Chancen von Herrn Alt auf seinen Antrag hin eine Anerkennung als Schwerbehinderter zu erhalten?

Aufgabe 3:

Fridolin Pfiffig betreibt ein Call-Center in der Oststadt. Die Fluktuation unter seiner Belegschaft ist hoch. So waren im letzten Jahr von den Arbeitsplätzen, die von ihm zu vergeben waren, von Januar bis März nur 16, von April bis Juni zwölf, von Juli bis September 23 und von Oktober bis Dezember 25 besetzt. Unter seinen Mitarbeitern fand sich kein Mitarbeiter mit Schwerbehinderung.

Frage 1: Trifft Fridolin Pfiffig eine Pflicht zur Beschäftigung von Menschen mit Schwerbehinderung?

Frage 2: Nehmen Sie an, bei Herrn Pfiffig seien über das Jahr im Monat 40 Arbeitsplätze besetzt. Trifft ihn in dieser Situation eine Pflicht zu Beschäftigung schwerbehinderter Menschen?

Frage 3: Erläutern Sie, was „Schwerbehinderung" im Rechtssinne bedeutet.

Aufgabe 4:

Petra Müller hat Trisomie 21. Sie ist mittlerweile 21 Jahre alt. Ihre gesetzliche Betreuerin ist ihre Mutter. Diese möchte, dass Petra im Sommer, wenn sie die Förderschule verlassen wird, in der örtlichen WfbM „anfängt".

Frage 1: Was bedeutet die Abkürzung WfbM? Welche älteren Bezeichnungen kennen Sie?

Frage 2: Vor der eigentlichen Aufnahme Frau Müllers in die WfbM müsste sie eine Phase der Arbeitserprobung durchlaufen. Beschreiben Sie diese in zwei Unterabschnitte unterteilte Phase. Welcher Rehabilitationsträger ist typischerweise der Kostenträger für diese Phase?

Frage 3: Als die Mitarbeiter der WfbM Frau Müller kennenlernen, erleben sie diese als eine lethargische Persönlichkeit, die nichts zum Arbeitsergebnis der Werkstatt beitragen könnte. Nach einigen Tagen „taut" Frau Müller jedoch sichtlich auf. Die Mitarbeiter können daher die Prognose stellen, dass Frau Müller bei entsprechender Förderung wohl in der Lage sein werde, in der Holzwerkstatt erforderliche Montagearbeiten zu leisten. Erläutern Sie die Voraussetzungen, die nach dem SGB IX vorhanden sein müssen, damit ein Mensch mit Behinderung in eine WfbM aufgenommen werden kann. Wie ist die Aufnahme als solche geregelt? Liegen die Voraussetzungen einer Aufnahme im vorliegenden Fall der Petra Müller vor?

Frage 4: Die Kosten für einen Werkstattplatz für Frau Müller würden im Monat 950,00 Euro betragen. Sie würde von der Werkstatt 200,00 Euro Arbeitsentgelt im Monat erhalten. Über Mittag würde Frau Müller in der Werkstatt ein Mittagessen bekommen, das der Werkstatt mit jeweils 2,00 Euro zu vergüten wäre. Als sie 16 Jahre alt war, hat Frau Müller von ihrer Oma 32.000,00 Euro geerbt. Von diesem Vermögen sind noch 26.000,00 Euro vorhanden. Inwieweit könnte Frau Müller als Beschäftigte zu einem Kostenbeitrag herangezogen werden? Wer wäre Kostenträger im Fall von Frau Müllers Beschäftigung in der WfbM?

Frage 5: Nehmen Sie an, Frau Müller habe sich in ihren Aufgabenbereich in der Werkstatt eigentlich gut eingefunden. Jedoch nutzt sie jede Gelegenheit, um zu „entwischen" und sich in der nahe der Werkstatt gelegenen Fußgängerzone aufzuhalten. Dort durchstöbert sie Abfallkörbe nach Essbarem[5]. Auf dies Verhalten angesprochen, erwidert Frau Müller sinngemäß, dass ihr das viel mehr Spaß mache als die Arbeit. Sie äußert auch ihre Absicht, diese Ausflüge in Zukunft so oft wie möglich wieder zu unternehmen.

Kann Frau Müller aufgrund ihres Verhaltens rechtswirksam (ordentlich) gekündigt werden?

Aufgabe 5:

Arbeitgeber Gustav Gewinn erfüllt die ihm obliegende Quote einer Beschäftigung von Menschen mit Schwerbehinderung nicht. Zudem stöhnt er unter dem immer größer werdenden Berg an Dokumenten, der von seinen Mitarbeitern mittlerweile täglich eingescannt werden müsse. Sie arbeiten in der örtlichen WfbM als Heilerziehungspfleger/in. Die WfbM bietet auch Archivier- und Dokumentationsleistungen an.

Was können Sie Herrn Gewinn vorschlagen? Inwiefern kann dieser so gleich zwei Fliegen mit einer Klappe schlagen?

Aufgabe 6:

Der 21 Jahre alte Roland Reimann hat Trisomie 21. Er weist in Aussehen und Verhalten die für diese Genmutation typischen Merkmale auf. Herr Reimann wohnt noch zu Hause bei seinen Eltern und ist tagsüber in einer WfbM im Arbeitsbereich in der Holzwerkstatt beschäftigt. Nun ziehen seine Eltern zusammen mit ihm einhundert Kilometer weit um. Die Eltern hören sich um, wo in der Umgebung des neuen Wohnortes ihr Sohn „arbeitstechnisch unterkommen" könnte. Dabei stoßen sie auf eine Einrichtung, die von der Vereinigten Werkstätten g GmbH betrieben wird und eine große Holzwerkstatt aufweist. Die Eltern sprechen mit dem Geschäftsführer Herrn Günther Genau, ob ihr Sohn dort Aufnahme finden könnte. Herr Genau bejaht dies und fragt, wer der Betreuer von Herrn Reimann sei. Die Eltern antworten wahrheitsgemäß, dass ihr Sohn keinen Betreuer habe. Herr Genau spürt, dass die Eltern vehement gegen eine Betreuerbestellung eingestellt sind und alles tun werden, um eine solche zu hintertreiben[6]. Als Herr Genau Herrn Roland Reimann im Anschluss kennen lernt, schätzt er diesen zutreffend als geschäftsunfähig ein.

Frage 1: Herr Genau überlegt nun, was er machen kann. Er möchte Herrn Reimann gerne in die Holzwerkstatt aufnehmen. Geht dies rechtlich überhaupt?

Frage 2: Nehmen Sie an, dass Herr Reimann nach einer Besichtigung der Holzwerkstatt den Wunsch geäußert hat, dort zu arbeiten. Herr Genau teilt dies dem zuständigen Rehabilitationsträger mit, ebenso wie die Adresse von Herrn Reimann. Dem zuständigen Sachbearbeiter des Rehabilitationsträgers, Herrn Emil Erbser fällt auf, dass sich der Wohnort von Herrn Reimann fünf Kilometer außerhalb des Einzugsbereichs der Vereinigten Werkstätten g GmbH befindet. Er verweist Herrn Reimann daher auf die örtliche Werkstatt. Dies sei von den Fahrtkosten her wesentlich billiger. Herr Reimann möchte nicht in die örtliche Werkstatt, da in der hiesigen Holzwerkstatt nur einem anderen Bereich zugearbeitet, nicht aber eigenständig produziert wird.

---

[5] *Wer nun meint, dies sei doch etwas theoretisch: dieser Fall ist in der Einrichtung, in der eine Schülerin der Autorin gearbeitet hat, tatsächlich vorgekommen.*

[6] *Auch dies ist ein Fall aufgrund von Erfahrungen, die eine andere Schülerin gemacht hat.*

Hat Herr Reimann einen Anspruch auf Aufnahme in die von ihm gewünschte Werkstatt?

Aufgabe 7:

Die 25 Jahre alte Lisa Schmidt hatte einen schwerwiegenden Arbeitsunfall, bei dem ihr ein Gegenstand auf den Kopf fiel. Die zuständige Behörde hat Frau Schmidt einen Schwerbehindertenausweis mit einem GdB von 60 Prozent ausgestellt. Ein Betreuer wurde nicht bestellt[7], da Lisas Zwillingsschwester Marie alles in ihre Hände nahm. Marie hat auch dafür gesorgt, dass Lisa in eine WfbM aufgenommen wurde. Frau Schmidt ist mittlerweile im dortigen Arbeitsbereich gut integriert. Bei zuvor erfolgtem Abschluss des (schriftlichen) Werkstattvertrages, den sie selbst unterschrieb, war Lisa Schmidt tatsächlich nicht mehr geschäftsfähig.

Erläutern Sie die rechtliche Lage.

Aufgabe 8:

Sebastian Storch, der an einer Schwerbehinderung leidet (Grad der Behinderung: 90 Prozent), ist glücklich; nach langem Suchen hat er endlich eine Arbeitsstelle gefunden. Nur etwas trübt sein Glück: Die Arbeitsstätte liegt ziemlich weit von dem Behindertenwohnheim entfernt, in dem er seit Jahren lebt. Er müsste an 210 Arbeitstagen im Jahr daher zunächst 20 Kilometer mit seinem eigenen Pkw zu einem behindertengerechten Bahnhof und von dort noch einmal 80 Kilometer mit der Bahn zu seiner Arbeitsstätte fahren. Die kürzeste Straßenverbindung zwischen dem Behindertenwohnheim und seiner künftigen Arbeitsstätte beträgt 50 Kilometer. Die tatsächlichen Bahnkosten würden 2.600,00 Euro im Jahr betragen. Herr Storch hat gehört, dass die sogenannte Entfernungspauschale nunmehr wieder gelten soll. Er macht sich Gedanken wegen der Kosten, die ihm im Zusammenhang mit dem Erreichen seiner Arbeitsstätte entstehen werden. Die ganze Strecke mit dem Auto zu fahren, traut er sich nicht zu.

Was können Sie Herrn Storch raten?

Aufgabe 9:

Frau Elfriede Hanser ist behindert. Heute sucht sie ihre Ärztin auf. Beim Behandlungsgespräch erzählt Frau Hanser, dass an ihrem Arbeitsplatz das Gerücht herumginge, einem Teil der Belegschaft solle bald gekündigt werden. Die Ärztin meint, dass bei Frau Hanser eine Schwerbehinderung zwar nicht vorliege, Frau Hanser allerdings aufgrund der drohenden Kündigungswelle schnellstmöglich einen Antrag auf Gleichstellung stellen solle.

Frage 1: Wo müsste Frau Hanser ihren Antrag stellen?

Frage 2: Nehmen Sie an, der Antrag von Frau Hanser hätte Erfolg. Was würde dies für sie für rechtliche Folgen haben?

---

[7] *Wiederum ein Fall aus dem „wirklichen Leben", bei dem allerdings die Eltern der volljährigen Frau mit geistiger Behinderung die Bestellung eines Betreuers mit Erfolg hintertrieben.*

Aufgabe 10:

Siegfried Siech leidet an einer Stoffwechselerkrankung, die für sich allein genommen einen GdB von 30 Prozent ausmacht. Darüber hinaus leidet er seit einiger Zeit noch an einer Hautschwächung, die u. a. zu einer Bildung von Ekzemen und für sich allein genommen zu einem GdB von 20 Prozent führt. Siegfried stellt nun einen Antrag auf einen Schwerbehindertenausweis in der Annahme, dieser werde vom Amt angesichts seiner Mehrfachbehinderung problemlos ausgestellt werden.

Teilen Sie diese Annahme?

Aufgabe 11:

Martin Meier ist anerkannter Schwerbehinderter mit einem Grad der Behinderung von 60 Prozent. Zusammen mit dem entsprechenden Feststellungsbescheid hat ihm die entscheidende Behörde einen Schwerbehindertenausweis ausgestellt, auf dessen Rückseite ein großes **G** aufgedruckt ist. Im Briefumschlag fand sich auch noch ein Antrag auf Ausstellung eines Ausweisbeiblattes. Herr Meier weiß aufgrund der in seiner Behindertenselbsthilfegruppe ausgetauschten Informationen, dass sich auf dem Beiblatt die Wertmarke für die „Freifahrt" im öffentlichen Personennahverkehr befindet. Er wundert sich, dass er das Beiblatt nebst Wertmarke nicht sofort erhalten hat, schließlich habe er als anerkannter Schwerbehinderter einen Anspruch auf kostenlose Beförderung. Er spricht daraufhin die Leiterin der Selbsthilfegruppe an.

Frage 1: Welche Bedeutung hat das Merkzeichen „G"?

Frage 2: Was ist Herr Meier nach den Feststellungen des Amtes also nicht mehr in der Lage zu tun?

Frage 3: Was wird die Gruppenleiterin Herrn Meier auf die von ihm gestellte Frage hin sinngemäß antworten?

Aufgabe 12:

Aufgrund von Sauerstoffmangel bei der Geburt ist die dreijährige Josefa mit einer Behinderung auf die Welt gekommen. Seit zwei Monaten besucht Josefa den Kindergarten. Ihre (miteinander verheirateten) Eltern machen sich große Sorgen, da die Entwicklung ihrer Tochter derjenigen der anderen Kinder in ihrer Gruppe nicht entspricht. Sie suchen mit Josefa daher die ihrem Wohnort nächstgelegene Frühförderstelle auf. In dieser werden sie dahingehend beraten, dass sie für Josefa Maßnahmen der Frühförderung in Anspruch nehmen könnten. In Zusammenarbeit mit den Eltern und unter Berücksichtigung von Josefas individuellem Bedarf erstellen die Mitarbeiter der Frühförderstelle einen Förder- und Behandlungsplan für Josefa. Der Förder- und Behandlungsplan sieht sowohl medizinische Hilfen (wie Krankengymnastik, Sprachtherapie) als auch ergänzende heilpädagogische Leistungen für Josefa vor. Die Mitarbeiter der Frühförderstelle händigen den Eltern eine Abschrift des Plans mit dem Hinweis aus, dass sie als gesetzliche Vertreter nunmehr die Leistungen zur Teilhabe für Josefa beantragen müssten. Josefas Eltern sind verwirrt. Sie wissen gar nicht so recht, wohin sie sich mit dem Plan nunmehr wenden sollen. Zur Krankenkasse? Aber der Plan enthält ja nicht nur medizinisch veranlasste, sondern auch ergänzende heilpädagogische Frühfördermaßnahmen. Dafür wäre ja wohl der Sozialhilfeträger zuständig? Vielleicht also sowohl bei der Krankenkasse als auch beim Sozialhilfeträger einen Antrag stellen?

Vollkommen verwirrt wenden sich Josefas Eltern an Sie als ausgebildete/n Heilerziehungspfleger/in und bitten um Rat.

Was antworten Sie Josefas Eltern?[8]

Aufgabe 13:

Paul Pechvogel (35) hatte einen Unfall im Straßenverkehr, durch den er eine leichte Gehbehinderung erlitten hat. In seinem Beruf als Einzelhandelskaufmann kann er infolgedessen nicht mehr arbeiten, da er nicht mehr als fünf Stunden am Stück stehen kann. Paul stellt daher einen Rentenantrag. Der zuständige Sachbearbeiter Gerrit Guntermann stellt allerdings fest, dass es eine neue Behandlungsmethode gibt, die Paul mit an Sicherheit grenzender Wahrscheinlichkeit wieder dazu befähigen würde, acht Stunden am Stück stehen zu können (was zutrifft).

An welchem Grundsatz wird Gerrit sich bei seiner Entscheidung über den Rentenantrag von Paul orientieren und wie wird seine Entscheidung ausfallen?

Aufgabe 14:

Der 18-jährige Walter Wagner ist schwerstmehrfachbehindert. Auch der Besuch des heilpädagogischen Förderbereiches einer WfbM kommt für ihn nicht Betracht, da der Transport dorthin für ihn zu anstrengend wäre. Herr Wagner lebt zusammen mit seinen Eltern und seinen beiden minderjährigen Geschwister in einer Mietwohnung. Er ist anerkannter Schwerbehinderter. Auf seinem Schwerbehindertenausweis findet sich das Merkzeichen „aG". Seine Eltern erhalten für Herrn Wagner Kindergeld. Daneben haben sie ein Einkommen aus nichtselbstständiger Arbeit in Höhe von insgesamt 50.000,00 Euro im Jahr.

Frage 1: Was bedeutet das Merkzeichen „aG"?

Frage 2: Welche Leistung steht Herrn Wagner zur Sicherung seines Lebensunterhaltes zu? Was umfasst diese im Einzelnen?

Frage 3: Wo ist diese Leistung zu beantragen und wie läuft das Verfahren im Einzelnen ab?

Frage 4: Die Eltern Wagner sterben zehn Jahre später bei einem Autounfall. Die beiden Geschwister von Herrn Wagner, die mittlerweile volljährig sind und jeweils eigene Hausstände gegründet haben, sorgen dafür, dass Herr Wagner Aufnahme in einem Behindertenwohnheim findet. Die Kosten für den Heimplatz von Herrn Wagner betragen im Monat 3.000,00 Euro. Sie werden von der öffentlichen Hand beglichen. Die Geschwister haben Angst davor, dass man an sie im Wege des Regresses herantreten könne.

Ist diese Besorgnis begründet?

Aufgabe 15:

Die 35 Jahre alte an einer Behinderung leidende Marlies Meier lebt noch bei ihren Eltern in einer Mietwohnung. Sie arbeitet bisher halbtags in einer WfbM. Zur Sicherung ihres Lebensunterhaltes bezieht sie Leistungen der Grundsicherung gemäß den §§ 41 ff. SGB XII. Die pädagogischen Mitarbeiter der WfbM sind der Ansicht, dass Frau Meiers Arbeitsleistung

---

[8] *Immer wieder verzichten Menschen mit Behinderung und ihre Eltern auf ihnen eigentlich zustehende Sozialleistungen, weil sie sich dem „Paragrafendschungel" nicht gewachsen fühlen. Sozialrecht ist „work in progress", das voraussichtlich niemals abgeschlossen sein wird. Gerade welcher Rehabilitationsträger für welche Leistung zuständig ist, lässt sich daher oftmals wohl tatsächlich nur historisch erklären. Auch das SGB IX hat das Behindertenrecht nicht durchnormiert.*

sich in der zurückliegenden Zeit deutlich gesteigert hat. Sie haben auch den Eindruck gewonnen, dass sich Frau Meier in der Werkstatt sehr wohl fühlt. Sie sprechen daher mit Frau Meier, ob sie nicht wie die meisten anderen Mitarbeiter mit Behinderung ganztags in der WfbM arbeiten möchte. Frau Meier, die sich nachmittags bei ihren Eltern oft langweilt, stimmt zu. Statt mit ihren Eltern zu Mittag zu essen, würde Frau Meier bei einer ganztätigen Beschäftigung in der WfbM dort im Rahmen der vonseiten der Werkstatt geleisteten Eingliederungshilfe ein für sie kostenloses Mittagessen erhalten.

Welche Auswirkung hat dies auf die Frau Meier gewährte Grundsicherung?

Aufgabe 16:

Die Computerservice GmbH betreibt eine Hotline für die Käufer bestimmter Softwareprogramme. Das Unternehmen bietet im Jahresdurchschnitt 300 Menschen pro Monat Arbeit. 12 Mitarbeiter haben der GmbH einen Schwerbehindertenausweis vorgelegt. Die frischgebackene Geschäftsführerin Gisela Grimm fragt Sie, der/die Sie sich mit einem ambulanten Pflegedienst selbstständig gemacht haben, am Unternehmerstammtisch, ob und gegebenenfalls in welcher Höhe die GmbH aufgrund dieses Tatbestandes eine Ausgleichsabgabe zu zahlen habe.

Was antworten Sie Frau Grimm?

Aufgabe 17:

Die behinderte sechzigjährige Susanne Bichler leidet unter Diabetes mellitus. Nachdem die Ärzte bei ihr einen „diabetischen Fuß" mit fortgeschrittener Nekrose festgestellt hatten, wurde ihr das linke Bein bis zum Kniegelenk amputiert. Die gesetzlich krankenversicherte Frau Bichler beantragte bei ihrer Krankenkasse einen Elektrorollstuhl, der ihr auch gewährt wurde. Nach ihrer Entlassung aus dem Krankenhaus schloss sie sich einer Selbsthilfegruppe von Menschen mit Beinamputationen an. Einige der Mitglieder dort hatten statt eines Elektrorollstuhls ein Elektromobil. Ein Bekannter ließ Frau Bichler das Elektromobil einmal ausprobieren. Frau Bichler stellte überrascht fest, dass sie mit dem Elektromobil sehr viel besser zurechtkam als mit dem Elektrorollstuhl.

Frau Bichler stellte daher bei ihrer Krankenkasse einen Antrag auf ein Elektromobil.

Wird diesem Antrag voraussichtlich Erfolg beschieden sein?

Aufgabe 18:

Frau Jutta Grau hat bereits mehr als 19 Jahre in einer WfbM gearbeitet. Gegenüber dem Personal, das sie betreut, klagt sie seit einiger Zeit, dass sie sich nicht mehr so fit wie früher fühle. Die Arbeit mache deshalb immer weniger Spaß und strenge sie immer mehr an. Das Personal hat auch schon beobachtet, dass Frau Graus Leistungsfähigkeit in den letzten Monaten nachgelassen hat. In der nächsten Teamsprechung, an der auch Sie teilnehmen, überlegt man daher gemeinsam, zu welchem Vorgehen man Frau Grau in dieser Situation raten könne.

Welchen Vorschlag können Sie ihren Kollegen machen?

Aufgabe 19:

Was bedeutet das Merkzeichen **„H"** auf dem Schwerbehindertenausweis? Bekommt jemand, bei dem bereits zuvor nach dem SGB XI die Pflegestufe I festgestellt wurde, dies Merkzeichen „automatisch"?

4 Heim- und Betreuungsrecht

Viele alte Menschen verbringen ihren Lebensabend in einem Heim.

Das Heimrecht war bis zur Förderalismusreform im Jahre 2006 bundeseinheitlich im Heimgesetz geregelt. Seitdem sind jedoch die einzelnen Bundesländer für das Heimrecht gesetzgebungsbefugt. Einige Bundesländer haben von dieser neuen Kompetenz bereits Gebrauch gemacht, andere noch nicht. Recherchieren Sie, ob es in ihrem Bundesland bereits ein entsprechendes Gesetz gibt. In Nordrhein-Westfalen ist das Gesetz zur Umsetzung der Förderalismusreform auf dem Gebiet des Heimrechts und zur Änderung von Landesrecht (Wohn- und Teilhabegesetz) in Kraft getreten. Im Folgenden einige Auszüge, mit deren Hilfe Sie die Aufgaben lösen können (ähnliche Regelungen finden sich in den Gesetzen anderer Bundesländer).

Viele Heimbewohner stehen unter einer Betreuung nach Maßgabe der §§ 1896 ff. BGB. Dies ist ein Rechtsinstitut für Volljährige (Minderjährige, die keine/n gesetzliche/n Vertreter mehr haben, erhalten stattdessen einen Vormund). Seit dem 01.09.2009 gibt es das Vormundschaftsgericht, das sowohl für Vormundschaften als auch für Betreuungen zuständig war, nicht mehr. Für Betreuungen ist seitdem das Betreuungsgericht als neue Unterabteilung des Amtsgerichts zuständig. Die Vormundschaften über Minderjährige fallen nunmehr in den Zuständigkeitsbereich des Familiengerichts (bereits bisher bestehende Unterabteilung des Amtsgerichts, das auch für Scheidungen, Unterhalt, elterliche Sorge etc. zuständig ist).

§ Wohn- und Teilhabegesetz NRW:

§ 2 Abs. 1:
Dieses Gesetz gilt für Einrichtungen, die den Zweck haben, ältere Menschen, Volljährige mit Behinderung oder pflegebedürftige Volljährige aufzunehmen, ihnen entgeltlich Wohnraum zu überlassen und damit verbunden verpflichtend Betreuung zur Verfügung zu stellen oder vorzuhalten und die in ihrem Bestand vom Wechsel der Bewohner unabhängig sind (Betreuungseinrichtungen).

§ 3 Abs. 1:
Dieses Gesetz gilt nicht, wenn von der Einrichtung nur allgemeine und soziale Betreuungsleistungen in geringfügigem Umfang angeboten werden. Die allgemeine und soziale Betreuung ist von geringfügigem Umfang, wenn das Entgelt dafür 25 Prozent der vereinbarten Miete (Nettokaltmiete), mindestens den Betrag des Eckregelsatzes nach dem Zwölften Buch des Sozialgesetzbuches nicht überschreitet.

§ 4 Abs. 2:
Betreiber einer Betreuungseinrichtung ist, wer älteren Menschen oder Volljährigen mit Behinderung oder pflegebedürftigen Volljährigen

a) Wohnraum überlässt und sie betreut oder

b) ihnen Wohnraum überlässt und mit einem Dritten, der diese Menschen betreut, rechtlich verbunden ist oder

c) diese Menschen betreut und mit einem Dritten, der ihnen Wohnraum überlässt, rechtlich verbunden ist.

Aufgabe 1:

Welche Personen sind nach Ansicht des nordrhein-westfälischen Gesetzgebers in besonderem Maße schutzbedürftig?

Aufgabe 2:

Gertrude Schmitz aus Nordrhein-Westfalen ist mittlerweile 90 Jahre alt. Obwohl sie sowohl geistig als auch körperlich fit ist, hat sie große Angst davor, einmal zu stürzen und aus eigener Kraft nicht mehr aufstehen zu können. Sie zieht daher in eine Einrichtung des betreuten Wohnens, die einen Hausnotruf gegen Entgelt anbietet. Frau Schmitz hat sich dabei vor ihrem Einzug verpflichtet, dem Träger der Einrichtung, dem Altenhilfe Südstadt e. V., ein monatliches Entgelt zu zahlen, das sich wie folgt zusammensetzt: 500,00 Euro zahlt Frau Schmitz als Kaltmiete für das Appartement und 100,00 Euro für die Bereitstellung des Hausnotrufes inklusive Personaleinsatz im Fall des Falles.

Prüfen Sie, ob der von Frau Schmitz abgeschlossene Vertrag unter den Anwendungsbereich des Wohn- und Teilhabegesetzes NRW fällt.

Aufgabe 3:

Nach erfolgreich abgelegtem Fachschulexamen haben sich die beiden Schwestern Adelheid und Kunigunde Machmann gemeinsam mit einem mobilen Pflegedienst selbständig gemacht. Das Unternehmen hat sich auf die Versorgung von älteren Menschen spezialisiert, die in selbstorganisierten Wohngemeinschaften leben. Der Pflegedienst schlug gut ein, sodass die Schwestern ein halbes Jahr nach der Gründung ihre ehemalige Mitschülerin Frederike Feiler als Mitarbeiterin einstellen. Eines Morgens bei der Teambesprechung berichtet ihnen Frau Feiler das Folgende:

„Ihr wisst ja, dass ich insbesondere zu Frau Dr. Münster aus der Wohngemeinschaft Herthastraße einen guten Draht entwickelt habe. Ihre Alzheimererkrankung scheint nach einem mehrwöchigen Stillstand nunmehr wieder fortzuschreiten. Frau Dr. Münster als ehemalige Ärztin weiß natürlich, was sich da anbahnt. Sie hat mir gestern gesagt, dass sie wünsche, dass ich ihre zukünftige Betreuerin werde. Sie sei ihr ganzes Leben lang unabhängig gewesen und habe daher nahezu keinen Kontakt mehr zu ihrer Familie.

Außerdem seien das sowieso alles Erbschleicher. Mir hingegen vertraue sie. Sie möchte mich daher nächste Woche beim Betreuungsgericht als ihre künftige Betreuerin vorschlagen. Sagt mal, wenn ich mich da so an den Rechtskundeunterricht in unserer Ausbildung erinnere – kann ich überhaupt ihre Betreuerin werden?“

Was werden die Schwestern Frau Feiler antworten?

Aufgabe 4:

Im Altenwohnheim „Waldesruh“ befinden sich auch viele demenzkranke Bewohner. Diese bekommen ein Armband, an dem sich ein Personenortungschip befindet. Sobald der damit ausstaffierte Bewohner das Gebäude der Einrichtung verlässt, wird ein Alarm ausgelöst. Das Personal eilt sodann schnell zur Tür, um den Bewohner auf dem parkähnlichen Gelände der Einrichtung abzufangen, bevor dieser es verlässt. Zeigt sich der Bewohner unwillig, allein aufgrund von Bitten oder Überredung den Weg zurück ins Haus zu beschreiten, so wendet das Personal in dieser Hinsicht durchaus aufgrund entsprechender Dienstanweisung „sanften Zwang“ an. Bertha Besorgt ist Betreuerin für ihre Mutter, die 86-jährige Olga Flink. Ihr ist unter anderem vom Gericht der Aufgabenkreis der Aufenthaltsbestimmung übertragen worden. Da Frau Flink schon öfter allein auf der Landstraße aufgefunden wurde, ist Frau Besorgt vom Konzept der Einrichtung „Waldesruh“ begeistert, sie will derartiges nie wieder erleben. Sie meldet ihre Mutter daher an. Da gerade ein Platz in der Einrichtung frei wurde, bekommt Frau Besorgt schnell die Auskunft, dass ihre Mutter in zwei Wochen einziehen könne.

Muss Frau Besorgt hier in rechtlicher Hinsicht etwas beachten?

Aufgabe 5:

Die 100-jährige Frieda Fink ist vor ein paar Wochen in ein Pflegeheim gekommen, in dem auch Sie als Heilerziehungspfleger/-in arbeiten. Zwar lebt sich Frau Fink im Heim gut ein, jedoch beobachten Sie einen rapiden Verfall ihrer geistigen Kräfte. Auf der anderen Straßenseite des Heims befindet sich eine Bäckerei. Frieda geht dort hin und kauft drei Brötchen.

Ist der Kaufvertrag wirksam, wenn Frieda mittlerweile geschäftsunfähig geworden ist? Begründen Sie Ihre Antwort.

Aufgabe 6:

Zur Betreuerin von Frau Fink ist ihre Tochter Regina Rabe bestellt worden. Nachdem Frau Fink in mehreren Nächten bereits ihr (Pflege-)Bett verlassen hat und in den Fluren des Heims herumgeirrt ist, spricht die Pflegedienstleitung Frau Rabe an, ob man nicht des Nachts die Gitter des Bettes ihrer Mutter hochstellen solle. Als fürsorgliche Tochter bejaht Frau Rabe dies und bereits am darauf folgenden Abend werden die Gitter trotz Frau Finks massivem verbalem Protest hochgestellt.

Ist dies rechtlich zulässig?

Aufgabe 7:

Berthold Betzenbrink ist 50 Jahre alt. Sein Chromosom 21 ist dreimal vorhanden (Trisomie 21). Sein Aussehen und Verhalten weist typische Merkmale des sogenannten Down-Syndroms auf. Für Berthold ist vom Betreuungsgericht sein Vater Valentin Betzenbrink als Betreuer für „sämtliche Angelegenheiten" bestellt. Berthold wird nun von seinem reichen Onkel in dessen Testament als Alleinerbe eingesetzt.

Frage 1: Ist dies rechtlich möglich?

Frage 2: Das Betreuungsgericht ist als Unterabteilung bei welchem Gericht angesiedelt?

Frage 3: Das Gericht hat bei Berthold den Betreuer „für sämtliche Angelegenheiten" bestellt. Dies ist eigentlich zu unbestimmt, da eine Betreuung nur für Aufgabenkreise angeordnet werden darf, in denen eine Betreuung erforderlich ist (vgl. § 1896 II S. 1 BGB). In der Praxis haben sich drei „große" Aufgabenkreise eingebürgert, die von den Gerichten in der Regel geprüft werden. Nennen Sie diese Aufgabenkreise.

Aufgabe 8:

Die 90-jährige Theresa Trautmann ist seit einiger Zeit demenzkrank. Für sie wurde vom zuständigen Betreuungsgericht ihre 60-jährige Tochter zur Betreuerin unter anderem für den Aufgabenkreis der Vermögenssorge bestellt. Die Bestellungsurkunde weist aber nicht nur die Aufgabenkreise der Tochter im Einzelnen aus, sondern auch einen sogenannten Einwilligungsvorbehalt. Frau Trautmann wohnt nunmehr in einem Heim. Es fällt ihr schwer, sich dort einzugewöhnen. Sie klagt daher dem Raumausstatter Theoderich Troddel, dessen Geschäft sich unmittelbar gegenüber dem Heim befindet und den sie bereits von früher her kennt, ihr Leid. Herr Troddel schenkt daraufhin Frau Trautmann aus Mitleid ein kuscheliges Kissen, das er noch „übrig hat". Frau Trautmann ist hocherfreut und schleppt das Kissen fortan ständig mit sich herum. Ihre Tochter, der dies sehr peinlich ist, überlegt, ob ihr nicht rechtliche Handhabe zur Verfügung stehen, „alles wieder rückgängig" zu machen.

Beurteilen Sie dies bitte unter Bezugnahme auf die einschlägige/n Vorschrift/en des BGB.

Aufgabe 9:

Nehmen Sie an, Frau Trautmann aus Aufgabe 8 hätte in den letzten zwei Monaten ihren Anteil an den Kosten für den Heimplatz in Höhe von insgesamt 2.500,00 Euro nicht gezahlt. Das Heim wird von der Altenhilfe Bona g GmbH betrieben.

Wer wäre Klägerin, wer Beklagte in einem Zivilprozess auf Zahlung der Heimkosten? Wer vertritt die Kläger-, wer die Beklagtenseite jeweils, wenn eine Vertretung durch Anwälte nicht erfolgt? Vor welchem Gericht findet der Prozess statt?

Aufgabe 10:

Die geistig behinderte Anneliese Kindermann ist von ihrer betagten Oma testamentarisch als ihre Alleinerbin eingesetzt worden. Frau Kindermann hat unter anderem für den Aufgabenkreis „Vermögenssorge" den Betreuer Constantin Kindermann, ihren Bruder. Constantin ist Rechtsanwalt. Nachdem das Nachlassgericht das Testament der Großmutter eröffnet hat, beginnt Constantin sofort, die Vermögensverhältnisse der Großmutter im Zeitpunkt ihres Todes zu recherchieren. Dabei findet er heraus, dass der Nachlass völlig überschuldet ist. Frau Kindermann möchte gerne Erbin werden, denn zum Nachlass gehört ein Grundstück mit Ferienhaus, in dem sie als Kind viel Zeit mit ihrer Oma verbrachte.

Frage 1: Erläutern Sie, was ein Nachlassgericht ist und welche Aufgaben es hat.

Frage 2: Was wird Constantin in dieser Situation wahrscheinlich tun?

Aufgabe 11:

Der 20-jährige geistig behinderte Benjamin Bunt lebt in einer Einrichtung der Behindertenhilfe, in der Sie als Heilerziehungspfleger/in arbeiten. Herr Bunt ist großer Fan der Fußballbundesligisten „Schalke 04". Es gibt eine Fanzeitschrift, die als Einzelausgabe am Kiosk 4,50 Euro kostet. Herr Bunt möchte diese Zeitschrift sehr gerne regelmäßig erwerben. Er weiß allerdings nicht, wie sich sein Betreuer, der Heilpädagoge Bernd Borussia, hierzu stellen wird. Herr Borussia ist unter anderem für den Aufgabenkreis der Vermögenssorge (sowie auch für den Aufgabenkreis der Aufenthaltsbestimmung) als rechtlicher Betreuer von Herrn Bunt bestellt, da dieser geschäftsunfähig ist. Herr Bunt wendet sich nunmehr mit den folgenden drei Fragen vertrauensvoll an Sie.

Frage 1: Könnte er ohne Mitwirkung seines Betreuers die Zeitschrift als Einzelausgabe am Kiosk erwerben?

Frage 2: Könnte er mit einer Gruppe anderer Menschen mit Behinderung ein Spiel „auf Schalke" besuchen, ohne dass Herr Borussia hierzu seine Zustimmung erteilt?

Frage 3: Gesetzt den Fall, Herr Borussia wird von dem geplanten Ausflug vonseiten der Heimleitung informiert: Wie stehen die Chancen, dass dieser zustimmt? Gehen Sie dabei davon aus, dass die Gruppe von einer ausreichenden Anzahl pädagogischer Mitarbeiter begleitet werden wird.

Aufgabe 12:

Frau Bertha Kruse ist im fortgeschrittenen Alter von ihrem Lebensgefährten Fridolin Neumann, mit dem sie bereits länger als 20 Jahre zusammenlebte, schwanger geworden. Bei der Geburt des Kindes Katja treten erhebliche Komplikationen auf. Katja erleidet infolge Sauerstoffmangels einen Hirnschaden. Die strapaziöse Geburt löst bei Frau Kruse eine Psychose aus, die letztlich zu einer psychischen Behinderung führt. Herr Neumann kann die Situation nach der Geburt nicht ertragen und entzieht sich ihr dadurch, dass er sich „absetzt". Frau Kruse ist mittlerweile geschäftsunfähig geworden. Sie lebt nunmehr seit anderthalb Jahren in einer Einrichtung der Behindertenhilfe. Für sie ist ihr Bruder Gerald Kruse zum Betreuer „für alle Angelegenheiten" bestellt worden. Das zuständige Familiengericht hat zwischenzeitlich Frau Bertha Kruse die elterliche Sorge für Katja entzogen und Frau Christiane Beimer (geborene Kruse), die Schwester von Frau Kruse, zum Vormund von Katja bestellt.

Nunmehr taucht Herr Neumann wieder auf. Er habe einige längere Reisen in Entwicklungsländer unternommen und aufgrund der dabei gesammelten Eindrücken und Erfahrungen die Kraft gefunden, sich seinem persönlichen Schicksal zu stellen. Als ersten Schritt möchte er die Vaterschaft für Katja anerkennen. Hierfür wäre nach § 1595 I BGB die Zustimmung von Frau Kruse als Mutter erforderlich. Gegenüber ihrem Bruder spricht sich Frau Kruse für eine Anerkennung der Vaterschaft durch Herrn Neumann aus. Auch Frau Beimer ist für eine Anerkennung der Vaterschaft durch Herrn Neumann, da damit ein Rechtsanspruch von Katja auf Unterhaltszahlungen gegen diesen entstünde.

Wie gestaltet sich das Vaterschaftsanerkennungsverfahren in der oben geschilderten Situation?

Abwandlung:

Nehmen Sie an, Frau Beimer hält Herrn Neumann angesichts seines vorherigen Verhaltens für unzuverlässig und lehne eine Vaterschaftsanerkennung seinerseits daher ab.

Was kann Herr Neumann in dieser Situation tun?

Aufgabe 13:

Die 100-jährige Frau Josefine Juber ist örtlich und zeitlich vollkommen desorientiert. Eine Betreuung ist daher notwendig. Das Gericht kommt zu der Erkenntnis, dass hier eine Betreuung im Bereich der Vermögenssorge und der Gesundheitsfürsorge erforderlich sei. Frau Juber hat den Neffen Nepomuk, der zur Übernahme dieser Aufgaben bereit wäre. Außerdem „bewerben" sich um die Betreuung von Frau Juber der ortsansässige Betreuungsverein „Betreuungshilfe e. V." und die selbständige Heilerziehungshelferin Hilda Hilfreich.

Frage 1: Von welchen Erwägungen wird sich das Gericht bei seiner Entscheidung leiten lassen, wer nun Betreuer von Frau Juber wird? Wen wird es daher im Fall von Frau Juber wahrscheinlich zum/zur Betreuer/in bestellen?

Frage 2: Nehmen Sie an, Hilda Hilfreich sei zur Betreuerin von Frau Juber bestellt worden. Muss Hilda, die ja „vom Fach" ist, nunmehr auch die Pflege von Frau Juber übernehmen? Begründen Sie Ihre Antwort.

Frage 3: Nehmen Sie an, Nepomuk sei Betreuer seiner Tante geworden. Seine Tante ist Eigentümerin eines Hausgrundstückes. Nachdem Nepomuk seine Tante in ein Pflegeheim verbracht hat, ist das Haus unbewohnt. Nepomuk möchte, dass seine Tante im Heim einen höheren Komfort „als üblich" genießt. Das Heim bietet gegen Entgelt verschiedene Zusatzleistungen an (wie größeres Zimmer, Massage etc.). Nepomuk möchte daher gerne das Grundstück verkaufen, um dies zu finanzieren.

Kann Nepomuk das Grundstück seiner Tante einfach so verkaufen? Begründen Sie Ihre Antwort.

Aufgabe 14:

Wann ist im Aufgabenkreis „Zustimmung zu ärztlichen Heilbehandlungsmaßnahmen" eine Genehmigung des Betreuungsgerichtes erforderlich?

Aufgabe 15:

Gundula Müller ist zur rechtlichen Betreuerin für ihre mittellose Mutter Isolde (94 Jahre) bestellt worden. Diese lebt in einem Heim.

Erhält Gundula eine Vergütung für ihre Tätigkeit?

Aufgabe 16:

Hanna Hartnuss ist Sachbearbeiterin bei einer gesetzlichen Krankenkasse. Sie bekommt von dem Behinderten Balthasar Bruckner einen Antrag auf Hilfe für ein Kfz auf den Tisch. Das Fahrzeug ist notwendig, damit Herr Bruckner seinen Arbeitsplatz erreichen kann. Herr Bruckner ist bei einem Unternehmen des allgemeinen Arbeitsmarktes als kaufmännischer Sachbearbeiter beschäftigt. Hanna Hartnuss überlegt, was sie jetzt tun muss.

Erläutern Sie, was dies ist.

Aufgabe 17:

Die 85 Jahre alte Frau Griseldis Schwarz ist infolge eines Oberschenkelhalsbruchs mittlerweile auf den Rollstuhl angewiesen. Von ihrer Krankenkasse hat sie einen Elektrorollstuhl bekommen, mit dem sie alle Besorgungen des täglichen Lebens erledigt. In letzter Zeit „verfährt" sich Frau Schwarz allerdings häufig in der Stadt und muss sodann von wohlmeinenden Passanten nach Hause zu ihrer Tochter Gerda gebracht werden, in deren Haushalt sie mittlerweile lebt. Gerda macht sich wegen dieser Vorfälle Sorgen. Sie regt daher beim zuständigen Betreuungsgericht an, sie zur Betreuerin ihrer Mutter zu bestellen. In einer persönlichen Anhörung durch das Gericht lehnt Frau Griseldis Schwarz nicht nur die Betreuerbestellung ihrer Tochter, sondern etwas Derartiges insgesamt ab.

Kann das Gericht trotzdem hier eine Betreuerbestellung vornehmen?

Aufgabe 18:

Nehmen Sie an, für einen Menschen mit psychischer Behinderung sei ein Betreuer unter anderem mit dem Aufgabenkreis der „Aufenthaltsbestimmung" bestellt worden. Es erweist sich aufgrund der Art der psychischen Erkrankung schließlich als erforderlich, den Betreuten in der geschlossenen psychiatrischen Fachabteilung eines Landeskrankenhauses unterzubringen.

Kann der Betreuer seinen Schützling so ohne Weiteres dorthin überführen?

Aufgabe 19:

Franziska Friese ist eine 38 Jahre alte Frau mit autistischen Zügen. Seit ihrem 18. Lebensjahr sind ihre beiden Eltern ihre Betreuer. Die Eltern haben nunmehr beide die 70 überschritten. Immer häufiger denken die Eltern daran, dass ein Umzug ihrer Tochter in ein Behindertenwohnheim noch zu ihren Lebzeiten wohl für alle das Beste wäre. Eine Sorge jedoch treibt die Eltern dabei um: Franziska zeigt stets ein sehr anhängliches Verhalten zu anderen Menschen. Zwar hat Franziska bis dato keine sexuellen Beziehungen, jedoch befürchten die Eltern, dass sie sich leicht verführen lassen würde. Für den Fall einer Schwangerschaft wäre nach Auskunft des Hausarztes wohl mit schwerwiegenden Beeinträchtigungen von Franziskas körperlichen und seelischen Gesundheitszustand zu rechnen. Mit der Betreuung eines Kindes wäre sie aller Voraussicht nach überfordert. Franziskas Eltern versuchen mit ihrer Tochter die Einnahme der Anti-Baby-Pille zu trainieren. Dies klappt nicht. Auch eine Drei-Monats-Spritze scheidet aus, da sich Franziska gegen Injektionen jeglicher Art seit jeher heftig zu Wehr setzt und nach Ansicht des Arztes zudem bei der Spritze langfristige Gesundheitsrisiken zu befürchten seien. Schweren Herzens gehen die Eltern daher mit ihrer Tochter zum Betreuungsgericht und tragen dort auf eine Sterilisation an. Das Gericht führte ein persönliches Gespräch mit Franziska. Es kommt dabei zu dem Schluss, dass diese die Art, Bedeutung und Tragweite einer Sterilisation nicht versteht.

Wird das Gericht einer Sterilisation von Frau Franziska Friese zustimmen?

(Fall ist dem Beschluss des AG Grevenbroich vom 10.08.1994, 3 XVII 23/93 nachgebildet)

Aufgabe 20:

Balthasar Besorgt ist mittlerweile 90 Jahre alt. Da es ihm in letzter Zeit nicht so gut geht, beschließt er, noch im vollen Besitz seiner geistigen Kräfte, für den „Fall des Falles" vorzusorgen. Er verfasst daraufhin folgendes Schriftstück:

Sollte für mich die Einrichtung einer Betreuung notwendig werden, so soll mein Neffe Gustav Geier, wohnhaft Markt 17 in Nordstätten, zum Betreuer bestellt werden. Es ist mein Wunsch, möglichst lange in meinem jetzigen Haus zu bleiben und gegebenenfalls mithilfe eines ambulanten Pflegedienstes versorgt zu werden. Mein vorhandenes Vermögen soll vollständig für meine Versorgung eingesetzt werden. Die Erhaltung des Vermögens (zur Vererbung) soll nicht im Vordergrund stehen.
Südstätten, 06.12.2009 gez. Balthasar Besorgt

Wie ist das Schriftstück rechtlich zu werten?

Aufgabe 21:

Muss ein Betreuer das Vermögen für die Erben des Betreuten „zusammenhalten"?

Aufgabe 22:

Das Betreuungsgericht möchte für den ehemaligen Unternehmer Udo Ziegler einen Betreuer bestellen. Diesem soll unter anderem auch der Aufgabenkreis der Vermögenssorge übertragen werden. Das Vermögen des Herrn Ziegler ist sehr ausgedehnt und erfordert eine umfangreiche Korrespondenz. Nach Angaben der Haushaltshilfe von Herrn Ziegler, die zu der Akte gelangt sind, hat diese in den letzten Monaten wiederholt an ihren Arbeitgeber gerichtete ungeöffnete Briefe im Mülleimer gefunden. Da ihr auch einiges sonst am Verhalten ihres Arbeitgebers in letzter Zeit komisch vorkam, hatte sie seinerzeit das Betreuungsgericht informiert.

Das Gericht überlegt, was es in dieser Situation unbedingt noch seinen Beschluss, mit dem es den Bankkaufmann Gustav Gründlich zum Betreuer bestellen will, mit aufnehmen muss.

Abwandlung:

Herr Ziegler ist verschuldet. Regelmäßige Einkünfte hat er nicht mehr. Das Gericht überlegt, ob in dieser Situation die Bestellung des Herrn Gründlich mit dem Aufgabenkreis der Vermögenssorge angezeigt ist. Schließlich ist kein Vermögen mehr da.

5 Zivilrechtliche Haftung

Wer haftet?

Um die folgenden Fälle bearbeiten zu können, sollten Sie über Wissen zu diesen Themen verfügen:

- Sie wissen, dass im deutschen Recht grundsätzlich die Verschuldenshaftung gilt, und können diesen Fachbegriff auch erklären.
- Sie kennen den Begriff und die einzelnen Stufen der Deliktsfähigkeit je nach Alter des Schädigers.
- Sie wissen, dass Sie zwischen der Haftung des Trägers und der persönlichen Haftung der Mitarbeiter einer Einrichtung differenzieren müssen.
- Sie wissen um die Unterschiede und Gemeinsamkeiten der vertraglichen und deliktischen Haftung, wobei Ihnen auch die Begriffe des Erfüllungs- und des Verrichtungsgehilfen keine Unbekannten sind.

Aufgabe 1:

Die Heilerziehungspflegerin Hilda Hilfreich hat nach erfolgreich bestandenen Fachschulexamen beim mobilen Pflegedienst der Petra Prinz angeheuert. Frau Prinz führt ihr einzelkaufmännisches Unternehmen selbst. Sie hat mit der pflegebedürftigen Anna Alt einen Vertrag über ambulante Pflegeleistungen abgeschlossen, die in deren Wohnung zu erbringen sind. Da Frau Alt über ein „Persönliches Budget" verfügt, vergütet sie Frau Prinz die pflegerischen Leistungen selbst.

Als heute Morgen Frau Hilfreich die pflegebedürftige Frau Alt aufsucht, reißt Frau Hilfreich bei einer Pflegehandlung versehentlich eine in der Nähe des Bettes stehende Vase infolge einer leichten Unachtsamkeit herunter. Die Vase, die 100,00 Euro wert war, fällt zu Boden und zerspringt in tausend Stücke. Eine Reparatur ist daher nicht mehr möglich.

Frau Alt rief sofort empört Frau Prinz auf ihrem Handy an. Frau Prinz äußerte Frau Alt gegenüber, dass ihr der Vorfall unerklärlich sei. Sie habe Frau Hilfreich im damaligen Bewerbungsverfahren nachweislich sorgsam ausgewählt und so etwas sei noch nie vorgekommen. Beides trifft zu.

Prüfen Sie den Sachverhalt vollumfänglich unter dem Gesichtspunkt der zivilrechtlichen Haftung (alle in Betracht kommenden Ansprüche von Frau Alt gegen Frau Prinz und gegen Frau Hilfreich sind zu erörtern).

Aufgabe 2:

In die integrative Kindertagesstätte, in der Sie arbeiten, geht auch das fünfjährige Kind Reinhold Radler. Reinhold hatte bis vor kurzem ein Laufrad, auf dem er schon sehr lange das Gleichgewicht halten kann. Die ganze letzte Woche haben seine Eltern mit ihm das Fahren auf einem Kinderfahrrad ohne Stützräder geübt. Aufgrund seiner „Vorübungen" auf dem Laufrad beherrscht Reinhold das Fahrrad schnell. Heute ist er das erste Mal auf dem Kinderfahrrad in die Einrichtung gekommen. Als Reinholds Eltern ihn nun abholen kommen, holt Reinhold stolz sein Fahrrad. Unter den Augen seiner Eltern steigt er auf und fährt zwischen zwei vor der Kindertagesstätte parkenden Autos hindurch. Dabei entdeckt er Annemarie, seine liebste Spielkameradin, die ebenfalls von ihren Eltern abgeholt wird und die gerade durch die Tür der Tagesstätte kommt. Derart abgelenkt, rammt Reinhold eines der beiden Autos und katapultiert sich selbst vom Rad. Auf sein Geschrei hin eilen nicht nur seine Eltern herbei, sondern auch der Nachbar Norbert Nix, dem der Wagen gehört. Herr Nix ist entsetzt über den Schaden (Schadenshöhe: 1.500,00 Euro), den Reinhold an seinem geliebten Wagen angerichtet hat. Wütend herrscht er das Ehepaar Radler an, den Schaden würden sie ihm bezahlen. Schließlich hafteten Eltern ja wohl für ihre Kinder, wie man schwarz auf gelb an jedem Bauzaun lesen könne. Das Ehepaar Radler hat eine Familienhaftpflichtversicherung bei der Secura AG abgeschlossen. In den Geltungsbereich dieses Versicherungsvertrages ist auch der Unglücksrabe Reinhold einbezogen.

Erläutern Sie, ob und gegebenenfalls von wem Herr Nix im vorliegenden Fall Schadensersatz erlangen kann.

Aufgabe 3:

Die erfahrene Heilerziehungspflegerin Hildegard Hehn ist seit etlichen Jahren bei der Treusorg g GmbH angestellt. Die g GmbH betreibt ein Heim für hochbetagte Menschen. Eine Bewohnerin des Heimes ist die 90-jährige Kriemhild Kremer, welche aufgrund einer Gehbehinderung beim Laufen von Frau Hehn unterstützt werden muss. Heute Morgen begleitet Frau Hehn die Bewohnerin auf dem Weg von ihrem Zimmer zum Frühstücksraum. Allerdings ist Frau Hehn entgegen ihrer sonstigen Gewohnheit abgelenkt, da sie einem neuen gut aussehenden Kollegen hinterher träumt, der gestern seinen Dienst angetreten hat. Infolge dieser leichten Unaufmerksamkeit stürzt Frau Kremer auf den Flur des Pflegeheims. Zwar hat sie sich glücklicherweise nichts gebrochen, leidet aber während der nächsten Tage unter schmerzhaften Prellungen.

Beurteilen Sie den Fall unter dem Aspekt der zivilrechtlichen Haftung.

Aufgabe 4:

Der 16-jährige begeisterte 1. FC-Köln-Fan Dustin sieht beim samstäglichen Shopping-Bummel auf der anderen Seite der Nord-Süd-Fahrt den Ex-FC-Trainer Christoph Daum, der gerade für einige andere Passanten Autogramme schreibt. Die Augen nur auf sein Idol gerichtet, betritt Dustin ohne nach rechts und links zu sehen die Fahrbahn. Autofahrer Anton muss daraufhin scharf bremsen, sodass ihm der nachfolgende Fahrer Friedolin „hintendrauf" fährt. Friedolin verlangt nun von Dustin Ersatz seines Schadens in Höhe von 2.500,00 Euro.

Zu Recht? Wie wäre es, wenn Dustin erst acht Jahre alt wäre?

Hinweis: Sie brauchen weder auf die Kfz-Halter- noch die Fahrerhaftung einzugehen.

Aufgabe 5:

Der heute 13 Jahre alte Benjamin Brandes ist von Geburt an körperlich und geistig behindert. Er besucht eine Schule für Kinder mit geistiger Behinderung. Heute Nachmittag hat Benjamin seine Mutter darum gebeten, allein einen Spaziergang machen zu dürfen. Nachdem ihm seine Mutter die Erlaubnis zu dem Spaziergang gegeben hat, dringt Benjamin in eine in der Nachbarschaft in einer Kleingartenkolonie gelegene Laube ein und legt dort Feuer. Er hat nie zuvor eine Neigung zum Zündeln gezeigt. Der Nachbar verklagte sowohl Benjamin als auch seine Mutter auf Zahlung seines Schadens in Höhe von 6.000,00 Euro. Das Gericht hat mithilfe eines von ihm eingeholten Gutachtens festgestellt, dass Benjamin die erforderliche Einsicht in seine Tat fehlte.

Wird das Gericht im Sinne des Nachbarn entscheiden?

Aufgabe 6:

Der geistig behinderte 25 Jahre alte Michael Hoven lebt in einer Einrichtung der Alten- und Behindertenhilfe in der Weststadt, die über eine Straßenbahnhaltestellte an den örtlichen ÖPNV angeschlossen ist. Michael zeigte sich in der Vergangenheit vom Bahnfahren äußerst fasziniert. Mehrfach musste er bereits davon abgehalten werden, eine Bahn zu „entern", um eine Spazierfahrt zu unternehmen. Heute geht es in der Wohngruppe, der auch Herr Hoven angehört, besonders laut und lebhaft zu. Als Herr Hoven die diensthabende Heilerziehungspflegerin Maria Müller fragt, ob er einen Spaziergang unternehmen dürfe, antwortet dieses nur „ja, ja" ohne richtig zuzuhören. Herr Hoven eilt sofort zur Bahnstation und nimmt die nächste Bahn. Wenig später gerät er in eine Kontrolle. Da bei Herrn Hoven sowieso nichts zu holen ist, verlangt der örtliche Verkehrsverbund von der Heilerziehungspflegerin neben dem regulären Fahrpreis (2,40 Euro) ein erhöhtes Beförderungsentgelt in Höhe von 40,00 Euro.

Prüfen Sie die Einstandspflicht der Heilerziehungspflegerin, die über Herrn Hovens Drang zum Bahnfahren aufgrund der Pflegedokumentation bestens Bescheid wusste.

Aufgabe 7:

Das fünfjährige Kind Finn der alleinerziehenden Mutter Veronika Mistelmann ist hyperaktiv. Auch eine ärztliche Behandlung unter Beigabe des Medikamentes Ritalin brachte keine wesentliche Verbesserung der Situation. Heute ist Veronika von Finns Aggressionsanfällen besonders genervt, da Finn im Laufe des Tages auch bereits für seine Verhältnisse ungewöhnlich viele Haushaltsgegenstände zum Teil beschädigt, zum Teil zerstört hat. Mit den Worten „Geh spielen!" setzt sie ihn daher kurzerhand vor die Tür, während sie sich selbst hinlegt. Finn, der niemals Achtung vor dem Eigentum anderer gezeigt hat, nimmt einen Stein und zerkratzt damit den Lack des neuen Pkw des Nachbarn Albert Neumann. Albert unterhält sich gerade mit einem anderen Nachbarn am Gartenzaun, als er das fürchterliche Geräusch vernimmt. Beide eilen herbei und erwischen Finn auf frischer Tat. Albert packt Finn beim Kragen und geht mit diesem schnurstracks zur Wohnung seiner Mutter. Der Schaden am Wagen von Herrn Neumann beläuft sich auf 1.000,00 Euro.

Prüfen Sie bitte, ob und falls ja konkret welche Ansprüche Herr Neumann gegen Finn, welcher lediglich 60,00 Euro auf einem Sparbuch sein Eigen nennt, und/oder gegen Veronika Mistelmann jeweils auf Ersatz seines Schadens in Höhe vom 1.000,00 Euro hat.

Aufgabe 8:

Frau Bettina Bunse ist von Herrn Friedrich Schneider unter Missachtung der Vorfahrtsregel im Straßenverkehr angefahren worden. Das Auto von Frau Bunse wurde total zerstört, Frau Bunse in dem Wrack eingeklemmt. Aufgrund dabei erlittener Kopfverletzungen ist Frau Bunse (20 Jahre alt) seitdem geistig behindert. Sie lebt nunmehr in einem Behindertenwohnheim. Als gesetzliche Betreuer wurden ihre beiden Eltern (unter anderem für den Kreis der Vermögenssorge) bestellt. Sie wollen gegen die Kfz-Versicherung des Herrn Schneider vorgehen, da sie zutreffend davon ausgehen, dass diese solventer ist als Herr Schneider selbst ist. Bei der Versicherung handelt es sich um die Sorgsam AG. Herr und Frau Bunse überlegen gemeinsam mit Ihnen, welche Ansprüche ihre Tochter dem Grunde nach hätte.

Frage 1: Welche wären das?

Frage 2: Nehmen Sie an, die Sorgsam AG weigere sich, irgendeine Art der Zahlung an Frau Bunse zu leisten. Wie würde sich das weitere Vorgehen der Eltern Bunse gestalten?

6 Erbrecht

Ein Testament ist eine Verfügung von Todes wegen.

Um die folgenden Fälle bearbeiten zu können, sollten Sie über Wissen zu diesen Themen verfügen:

- Sie wissen zwischen gesetzlicher und gewillkürter Erbfolge zu unterscheiden.
- Sie wissen, wie nach der gesetzlichen Erbfolge die Erben sowie die ihnen zustehenden Erbteile bestimmt werden.
- Sie wissen, welchen gesetzlichen Voraussetzungen ein Testament genügen muss, um rechtswirksam errichtet zu werden.

Aufgabe 1:

Die 20-jährige geistig behinderte Norma Neumann ist nicht geschäftsfähig. Sie hat keine Geschwister, ihre Eltern sind bereits recht betagt. Auf dem Weg zum wöchentlichen Großeinkauf kommen beide Eltern infolge eines Verkehrunfalls ums Leben. Ein Testament haben sie nicht gemacht.

Kann Norma etwas von ihren Eltern erben?

Aufgabe 2:

Der wohlhabende Friedemann Westerholt leidet an der Krankheit Mukoviszidose. Die Krankheit ist in ihr letztes Stadium eingetreten. Die Lebensgefährtin von Friedemann ist von diesem schwanger, hat sich aber trotzdem von ihm getrennt, weil sie sein Leiden nicht mehr mit ansehen konnte. Friedemann möchte nicht nur das Ungeborene abgesichert sehen, sondern auch der „Christiane-Herzog-Stiftung“ für Mukoviszidosekranke eine größere Summe zukommen lassen.

Er fragt Sie, ob und gegebenenfalls was er veranlassen muss, damit seinem Willen nach seinem Tod entsprochen wird.

Aufgabe 3:

Sie arbeiten in einer WfbM. Einer der Menschen mit Behinderung, die Sie dort im Arbeitsbereich betreuen, ist der 18 Jahre alte Gottfried Klein. Die Eheleute Otto und Gerda Klein leben im gesetzlichen Güterstand der Zugewinngemeinschaft. Gerda hat ein Testament gemacht, in dem sie ihr gesamtes Vermögen dem von allen geliebten Familienhund „Schlappohr" vermacht. Otto und Gerda haben neben Gottfried noch zwei weitere minderjährige Kinder, außerdem haben sie die heute acht Jahre alte Ludmilla Lachmann als Kleinkind adoptiert. Nun ist Gerda vor zwei Tagen verstorben. Herr Klein erscheint daher heute sehr aufgeregt und fragt Sie, ob er etwas geerbt habe oder nunmehr alles Schlappohr gehöre. Dabei hat er insbesondere ein Auge auf die von Gerda zu ihren Lebzeiten zusammengetragene Sammlung mechanischer Spieluhren geworfen.

Erläutern Sie Herrn Klein die eingetretene erbrechtliche Situation.

Aufgabe 4:

Als Sie Herrn Klein (aus Aufgabe 3) die Situation gerade erläutern, kommt Gisela Kurz, eine 20 Jahre alte Frau mit Behinderung aus der Holzwerkstatt vorbei. Frau Kurz lauscht aufmerksam dem Gespräch und wendet sich im Anschluss an Sie. Auch sie stehe seit einigen Tagen vor einer erbrechtlichen Frage. Bei den Todesanzeigen in der Zeitung habe sie letzten Samstag auch eine ihres leiblichen Vaters entdeckt. Diesen habe sie nie kennengelernt, da ihre Eltern sich bereits vor ihrer Geburt zerstritten hätten. Ihr Vater habe später eine andere Frau geheiratet und mit dieser drei Kinder, ihre Halbgeschwister. Auch zu diesen habe sie niemals Kontakt gehabt. Die Ehefrau ihres Vaters und Mutter ihrer Halbgeschwister sei bereits vor ein paar Jahren verstorben. Da der Vater aber recht wohlhabend gewesen sei, frage sie sich, ob auch sie einen Anspruch auf etwas habe. Ein Testament oder ähnliches gebe es nicht.

Was antworten Sie Frau Kurz sinngemäß?

Aufgabe 5:

In der Einrichtung arbeitete bis vor zwei Wochen auch die 25-jährige geistig behinderte Marion Munzke. Marion ist aufgrund der Art ihrer Behinderung leider kein langes Leben beschieden gewesen. Eine Regelung für den Fall ihres (dennoch sehr plötzlichen) Todes existierte nicht. Marions Mutter Marianne ruft heute in der WfbM an und verlangt Sie zu sprechen. Anlässlich eines Sommerfestes hatten Sie Frau Munzke einmal erzählt, dass Sie im Rahmen Ihrer Ausbildung auch Rechtskundeunterricht genossen haben. Frau Munzke wendet sich daher mit der folgenden rechtlichen Fragestellung an Sie: Marion habe vor drei Jahren von ihrer Großmutter im Wege der gewillkürten Erbfolge ein größeres Vermögen geerbt. Heute habe sie der Vater von Marion, Herr Valtentin Vogel, angerufen und sie um Auskunft über den Nachlass gebeten. Auf ihre Nachfrage, warum er dies wissen wolle, habe er entgegnet, dass er nur seine Rechte geltend machen wolle. Sie habe daraufhin eingewandt, dass er sie damals nicht geheiratet und es vorgezogen habe, sich aus dem Staub zu machen, als klar gewesen sei, dass das Kind behindert sein würde. Zudem habe er den Kontakt zu Marion nahezu nicht gepflegt.

Frau Munzke möchte nun von Ihnen wissen, wie die rechtliche Lage in dieser Situation ist.

Aufgabe 6:

Heilerziehungspfleger Martin Angermann ist seit Beginn des Monats auf einer Station mit hochgradig infektiösen Menschen mit Behinderung eingesetzt und möchte daher für den „Fall des Falles" alles geregelt wissen. Er setzt daher seinen „Letzten Willen" am PC auf. Nach dem Ausdrucken versieht er das Schriftstück handschriftlich mit seinem Namen, sowie Ort und Datum und ist der Ansicht, damit alles in seinem Sinne geregelt zu haben.

Zu Recht?

Aufgabe 7:

Die körperbehinderte Bertha Bunt verstirbt. Da sie seinerzeit von ihrem bereits verstorbenen Vater mehrere Hausgrundstücke mit Mietskasernen erbte, geht es nunmehr um ein beträchtliches Vermögen. An diesem ist nicht nur ihre Mutter Brunhilde Bunt, sondern auch ihre Tochter Barbara Bunt äußerst interessiert.

Erläutern Sie die erbrechtliche Lage in dieser Situation.

Aufgabe 8:

Nehmen Sie an, die Tochter Barbara (aus Aufgabe 7) sei minderjährig und zudem nicht das leibliche Kind von Bertha Bunt, sondern von ihr adoptiert worden.

Ändern diese Tatsachen etwas an der erbrechtlichen Lage?

Aufgabe 9:

Die alleinstehende Frau Sieglinde Sorge bekommt das Baby Balduin. Balduins 21. Chromosom ist dreimal vorhanden (Trisomie 21). Schon bald bemerkt Frau Sorge, dass sie allein mit einem Kind mit Behinderung überfordert ist. Sie gibt Balduin daher zur Adoption frei. Das kinderlose Ehepaar Kindermann nimmt Balduin als sein Kind an. Nach einigen Jahren verstirbt Frau Sorge. Da sie immer sehr sparsam war, gibt es einiges an Vermögen. Das Ehepaar Kindermann vertritt die Ansicht, dass zumindest das Vermögen Balduin zustehe, wenn sich seine Mutter schon sonst nicht um ihn gekümmert habe.

Hat das Ehepaar Recht?

Aufgabe 10:

Der verwitwete Theodor Treusorg hat zwei Kinder, den 40-jährigen Norbert und die 50-jährige Emma, die an einer psychischen Behinderung leidet. Emma lebt schon seit Jahren in einem Pflegeheim, in dem man sich auf die Betreuung von Menschen mit einer psychischer Behinderung spezialisiert hat. Ihr Unterhalt wird bisher von ihrem Vater bestritten. Da dieser in letzter Zeit häufiger krank ist, sucht er seine Rechtsanwältin auf, um mit dieser über sein Testament zu sprechen. Die Rechtsanwältin weist Theodor darauf hin, dass im Falle seines Todes Emma für ihren Lebensunterhalt und die Pflegekosten zwar Sozialhilfe gewährt werden würde. Dies aber erst dann, wenn Vermögen, das der Emma aufgrund seines Todes zufiele, bis auf geringe Schonbeträge aufgebraucht sei[9]. Theodor ist der Meinung, dass er schon viel gezahlt habe. Zudem möchte er sicherstellen, dass Emma auch weiterhin einige Vergünstigungen in Anspruch nehmen kann (wie

[9] *Grundsatz der Subsidiarität der Sozialhilfe*

Taschengeld, Ausstattung mit gehobener Kleidung etc.), die seine Zahlungen bisher möglich gemacht haben. Zudem möchte er, dass auch noch für Norbert und dessen Kinder etwas vom Vermögen übrig bleibt.

Er setzt daher folgendes notariell beurkundetes Testament auf:

„Zu meinen Vorerben setze ich zu einer Quote von 26 Prozent meine Tochter Emma und zu einer Quote von 74 Prozent meinen Sohn Norbert ein. Nacherbe von Emma ist mein Sohn Norbert. Gleichzeitig ordne ich für die Verwaltung des Erbteils meiner Tochter Emma Testamentsvollstreckung an. Als Testamentsvollstrecker ernenne ich meinen Sohn Norbert. Der Testamentsvollstrecker hat meiner Tochter Emma ein monatliches Taschengeld sowie Anschaffungskosten für Kleidung und andere Güter des persönlichen Bedarfs zu gewähren. Diese Zahlungspflichten entfallen jedoch, wenn sie auf Sozialhilfeleistungen angerechnet werden."

Einige Monate nach der Testamentserrichtung verstirbt Theodor. Der Sozialhilfeträger hält das Testament für sittenwidrig und damit nichtig[10]. Er argumentiert, Ziel des Testamentes sei es, den Sozialhilfeträger daran zu hindern, seine Aufwendungen aus dem Nachlass im Wege des Regresses erstattet zu bekommen. Dies ginge letztlich zu Lasten aller Steuerzahler. Er ist aufgrund der von ihm angenommenen Nichtigkeit des Testamentes der Auffassung, dass Emma nach der gesetzlichen Erbfolge neben ihrem Bruder zur Hälfte als Erbin nach ihrem Vater berufen ist.

Hat der Sozialhilfeträger Recht?

Aufgabe 11:

Die alleinstehende Frau Elisabeth Reibbach verbrachte das letzte Jahr ihres Lebens in der gehobenen Seniorenresidenz „Zum Wäldchen". Die Residenz wird von der „Wäldchen AG" betrieben. Frau Reibbach zahlte in den letzten drei Monaten die Kosten für ihren Platz in Höhe von insgesamt 3.500,00 Euro nicht, da sie zu dieser Zeit in nahezu komatösen Zustand bettlägerig war. Nach dem Tod findet das Nachlassgericht heraus, dass Frau Reibbachs einzig noch lebender Verwandter ihr Neffe Erwin Reibbach ist, der vor einigen Jahren in die Vereinigten Staaten ausgewandert ist. Ein Testament hat Frau Reibbach nicht gemacht. Auch ein Erbvertrag existiert nicht.

Frage 1: Ist Herr Reibbach Erbe seiner Tante geworden?

Frage 2: Muss Herr Reibbach die noch ausstehenden 3.500,00 Euro begleichen?

Aufgabe 12:

Tanja Trauer ist von ihrem verstorbenen Vater in seinem Testament nicht als Erbin eingesetzt worden. Lediglich ihre Schwester Suse sowie ihre Mutter sind in dem Testament als Erbinnen bedacht. Tanjas Eltern lebten während ihrer Ehe im gesetzlichen Güterstand der Zugewinngemeinschaft.

Was ist Tanja in dieser Situation rechtlich zu raten?

Aufgabe 13:

Erblasserin Edwina Engel hat in ihrem Testament bestimmt, dass ihre beiden Kinder Anne und Bastian je zur Hälfte erben sollen. Darüber hinaus hat sie allerdings angeordnet,

[10] *vgl. § 138 I BGB*

dass allein der Erbe Bastian ihr Hausgrundstück erhalten soll. Da neben dem Grundstück kaum Vermögen vorhanden ist, findet Anne das sehr ungerecht; ihr Bruder bekomme sehr viel mehr als sie.

Hat Anne Recht? Begründen Sie Ihre Antwort.

Aufgabe 14:

Frau Frieda Freses Eltern sind beide bereits verstorben. Als erstes starb Frau Frese, die ihren Mann testamentarisch zu ihrem Alleinerben eingesetzt hatte. Frau Frieda Frese, die zum Zeitpunkt des Todes ihrer Mutter gerade die Volljährigkeit erreicht hatte, hat das damals so akzeptiert und keine rechtliche Schritte unternommen. Es lebt nun noch ihre Stiefmutter Sieglinde, die ihr Vater nach dem Tod von Friedas Mutter in zweiter Ehe geheiratet hat. Eine Stiefkindadoption hat nicht stattgefunden. Nach dem Tod des Vaters erbten seinerzeit Frieda und Sieglinde zu gleichen Teilen. Schon vor dieser Erbschaft war Sieglinde eine wohlhabende Frau. Sieglinde ist alleinstehend. Zwar gibt es einen jüngeren Vetter, mit dem sie allerdings aufgrund eines Zerwürfnisses schon seit einigen Jahren keinen Kontakt mehr hat. Nun stirbt auch Sieglinde, ohne ein Testament verfasst zu haben.

Wird Frieda ihre Erbin? Begründen Sie Ihre Antwort.

Aufgabe 15:

Nehmen Sie an, Sieglinde (aus Aufgabe 14) habe zu Lebzeiten nichts so sehr gefürchtet als eines Tages einsam in einem Pflegeheim zu sterben. Da sie sich mit ihrer Stieftochter sehr gut versteht, macht sie ihr folgenden Vorschlag: Frieda soll ihre Erbin werden, wenn sie sich im Gegenzug verpflichtet, sie im Fall ihrer etwaigen Pflegebedürftigkeit bei sich zu Hause zu pflegen. Frieda, die gelernte Gesundheits- und Krankenpflegerin ist, ist hiermit einverstanden.

Wie können die beiden Damen das von ihnen beiden Gewünschte rechtlich verbindlich fixieren?

Aufgabe 16:

Nach bestandener Prüfung arbeiten Sie als Pfleger/in in einem Wohnheim der Altenhilfe. Der neue Bewohner Bernhard Blauäugig tritt heute an Sie mit folgender Frage heran: „Nachdem meine liebe Frau vor zwei Monaten verstorben ist, bin ich ja hierher zu Ihnen ins Altenheim gezogen und dachte, damit wäre alles in meinem Leben wieder geregelt. Heute aber habe ich einen Brief vom Anwalt eines meiner beiden Söhne bekommen. Ich und meine Frau hatten uns in einem sogenannten „Berliner Testament" gegenseitig als Alleinerben, unsere beiden Söhne als Schlusserben des Letztversterbenden von uns eingesetzt. Nun will mein Sohn bereits jetzt Geld! Damit habe ich nicht gerechnet! Muss ich jetzt zahlen?"

Erläutern Sie Herrn Blauäugig bitte die Rechtslage.

Aufgabe 17:

Die 17-jährige Elise Eilmann ist geistig behindert. Sie wird regelmäßig von ihrer Patentante Viola Meurer besucht. Diese trägt bei ihren Besuchen stets ein Medaillon um den Hals, ein Familienerbstück. Elise ist von dem Medaillon jedes Mal aufs Neue begeistert.

Sie kann lange Zeit damit zubringen, das Medaillon auf- und zuzuklappen und das darin enthaltene Foto zu betrachten.

Frau Meuer verfasst daher das folgende Testament:

„Meine Erbin soll meine Tochter Regina sein. Mein Medaillon soll allerdings mein Patenkind Elise Eilmann haben."

Kurz darauf erkrankt Frau Meurer schwer und verstirbt.

Elises Eltern überlegen, wie jetzt die rechtliche Lage ist.

Aufgabe 18:

Wie wird man zum Erben?

Aufgabe 19:

Norbert Norden und seine Freundin Bettina Hase erwarten ihr erstes gemeinsames Kind. Eine Nackenfaltenuntersuchung ergibt, dass das Baby höchstwahrscheinlich behindert sein wird. Herr Norden plädiert daraufhin für einen Abbruch der Schwangerschaft, Frau Hase spricht sich indessen dagegen aus. Hierüber zerbricht die Beziehung der beiden. Herr Norden erkennt zwar die Vaterschaft für das schließlich behindert zur Welt gekommene Baby Peter an und zahlt auch immer für diesen und Bettina Unterhalt, weigert sich aber, Peter auch nur einmal zu sehen. Nach zwei Jahren lernt Herr Norden Frau Susanne Süden kennen und lieben. Die beiden heiraten und bekommen die Zwillinge Max und Moritz, die nicht an einer Behinderung leiden. Herr Norden und Frau Süden haben den Kindern den Namen Süden gegeben, ihren eigenen Geburtsnamen führen sie auch nach der Heirat jeweils weiter. Das Ehepaar lebt im gesetzlichen Güterstand der Zugewinngemeinschaft. Auf einer Bergtour kommt Herr Norden durch einen Unfall ums Leben. Frau Süden kann schwer verletzt, aber lebend aus der Gletscherspalte geborgen werden, in die beide gestürzt waren. Ein Testament oder ein Erbvertrag existiert nicht.

Wie ist Herr Norden beerbt worden?

Aufgabe 20:

Horst Hoffmann (25 Jahre) arbeitet als examinierte Fachkraft in der Pflege. Herr Hoffmann ist an Krebs erkrankt. Er möchte daher für den „Fall des Falles" alles geregelt wissen. Herr Hoffmann selbst hat eine berühmt-berüchtigte „Sauklaue". Oft konnten Kollegen von ihm seine in der Pflegedokumentation niedergelegten Notizen nicht lesen. Deshalb bittet er seinen Freund Willibald, der eine sehr schöne Handschrift hat, ihm beim Abfassen seines letzten Willens zu helfen. Willibald schreibt sehr leserlich und ordentlich auf, was ihm Herr Hofmann diktiert. Zu seiner Erbin bestimmt Herr Hoffmann seine Arbeitskollegin und Freundin Fiona Fein. Zum Schluss versieht Herr Hoffmann das von Willibald verfasste Schriftstück handschriftlich mit seinem Namen, sowie Ort und Datum und ist der Ansicht, damit ein rechtswirksames Testament aufgesetzt zu haben.

Wird im Zeitpunkt der Todes von Herrn Hoffmann Frau Fein seine Erbin?

Aufgabe 21:

Der 17-jährige Michael pflegt bereits seit zwei Jahren sexuelle Kontakte zu beiden Geschlechtern, darunter nicht nur Gleichaltrigen, sondern auch Menschen, die älter sind als er. Als eine dieser Personen ihn darüber informiert, dass bei ihr das HIV-Virus festgestellt worden ist, lässt Michael ebenfalls sofort einen entsprechenden Test machen. Zwar fällt dieser zu seiner Erleichterung negativ aus, jedoch hat ihn die ganze Geschichte sehr nachdenklich gemacht. Michael hat vor einigen Jahren ein beträchtliches Vermögen von seinem Großvater geerbt, dass derzeit noch von seinen (miteinander verheirateten) Eltern für ihn verwaltet wird. Die Eltern zahlen ihm gemäß den testamentarischen Bedingungen allerdings jeden Monat hieraus eine Apanage (regelmäßige Zahlung) von 1.000,00 Euro. Michael möchte ein Testament zugunsten der Deutschen Aidsstiftung errichten, ohne dass seine Eltern hiervon erfahren.

Ist dies rechtlich möglich?

7 Strafrecht

Aufgabe 1:

Der 17-jährige Leon schreibt einem Freund:

Hallo Alter,

wahrscheinlich hast Du Dich schon gewundert, warum ich mich die letzten Tage nicht bei Dir auf dem Handy gemeldet habe. Ich sitze seit einer Woche hier in der Jugendvollzugsanstalt in Weststätten in Untersuchungshaft. Ich sage Dir, das geht mir voll auf die Nerven. Nur einmal pro Tag Hofgang, das Essen ist der letzte Fraß und das Handy haben die mir auch noch weggenommen!

Justizvollzugsanstalt

Du fragst Dich jetzt bestimmt, wie mir das passieren konnte, dass ich hier gelandet bin. Na, Du weißt ja, dass ich diese scharfe Braut aus dem Villenviertel im Norden hatte, die Clarissa. Die war natürlich gewohnt, dass man ihr so einiges bietet, auch finanziell, verstehste. Ich war aber ständig pleite. Die Clarissa hatte allerdings einen Klassenkameraden, den Adalbert von nebenan, so ´n richtiger Blödmann. Der ist von seinen Eltern aber mit Kohle nur so zugeschmissen worden, wahrscheinlich, weil die immer weg waren und deshalb voll das schlechte Gewissen hatten. Also dachte ich mir, warum nicht, dem tut ´s sowieso nicht weh. Ich habe dem dann nach seinem wöchentlichen Hockeytraining aufgelauert. Vorher habe ich mir noch die Pistole von meinem Vater und das Auto von meinem Bruder „geliehen“, damit auch ja alles glatt läuft. Die sind doch immer dermaßen blau, das hätten die sowieso nicht gemerkt. Als der Adalbert um die Ecke gebogen ist, bin ich mit dem Ausruf „Geld her!“ auf ihn los und habe ihm erst mal mit der noch gesicherten Pistole ins Gesicht geschlagen. Mehr war dann auch gar nicht nötig, denn er hat ruckzuck die Scheinchen rausgerückt.

Alter, Du fasst es nicht, der hatte tatsächlich 400,00 Euro einfach so dabei! Nachdem ich ihm noch gedroht hab´, dass ich ihn fertig machen täte, wenn er was rumtratscht, bin ich dann zum Auto von meinem Bruder gerannt. Das hatte ich ein wenig versteckt geparkt. Führerschein hab´ ich ja nicht – logisch, von was sollte ich den auch wieder bezahlen??? Blöd war nur, dass ich wohl an der nächsten Kreuzung eine rote Ampel übersehen haben muss, weil ich nun ja schnell verduften wollte. Hinter der Kreuzung stand aber eine Schleuder mit zwei Polypen drin und so ist alles aufgeflogen. Die haben die Pistole entdeckt und zwischenzeitlich hatte der Adalbert auch wohl schon einen Notruf über sein Handy gestartet. Ich hatte wegen der Aufregung leider vergessen, ihm das abzuziehen.

Noch am selben Tag bin ich dann zu einem Richter gekommen, so ´ne Tante vom Jugendamt war auch mit dabei. Ich war da ja noch ganz cool und textete die zu, sie könnten mir gar nichts, weil ich ja erst 17 bin. Vielleicht hätte ich da doch besser in Rechtskunde aufpassen sollen, denn noch am selben Tag bin ich hier nach Weststätten in die Jugendstrafanstalt gekommen und sitze seitdem hier in Untersuchungshaft.

Vielleicht kannst Du mich ja mal besuchen. Außerdem Alter, Du warst doch damals ganz gut in Rechtskunde?

Dein Kumpel Leon

Frage 1: Kann Leon strafrechtlich zur Verantwortung gezogen werden? Welches Recht würde Anwendung finden?

Frage 2: Würde sich etwas ändern, wenn Leon bei Begehung der Tat bereits 19 Jahre alt wäre?

Aufgabe 2:

Sie arbeiten als Heilerziehungspfleger/in in einer Einrichtung der Altenhilfe. Sie sind der/die Vorgesetzte der 25 Jahre alten Altenpflegehelferin Nora Nebel, die zusammen mit Ihnen eine Wohngruppe betreut. Frau Nebel ist seit einigen Monaten geschieden. Ihr Ex-Mann kümmert sich trotz gemeinsamen Sorgerechtes nur sehr wenig um die gemeinsamen vier Jahre alten Zwillinge, sodass faktisch Frau Nebel diese allein erzieht. Im kollegialen Gespräch mit Ihnen hat Frau Nebel schon mehrfach darüber geklagt, dass die Doppelbelastung ihr manchmal über den Kopf zu wachsen drohe. Die von Ihnen zu betreuende Wohngruppe umfasst insgesamt sieben Bewohner. Zu der Gruppe gehört auch die Bewohnerin Pauline Schulz, die seit zwei Jahren an einer Alzheimererkrankung leidet. Zurzeit befindet sich die Krankheit im Stadium II. Heute hat das Verhalten von Frau Schulz allen schon den ganzen Tag lang große Schwierigkeiten bereitet. Frau Nebel bringt diese gerade zu Bett, als Sie an der geöffneten Zimmertür vorbeigehen. Wie bereits den ganzen Tag schreit Frau Schulz dabei unartikuliert herum. Sie hören ein Klatschen, das Sie als Schlag mit der offenen Hand ins Gesicht interpretieren. Frau Schulz verstummt daraufhin. Frau Nebel kommt mit gerötetem Gesicht aus dem Zimmer, wendet sich auf die andere Seite des Ganges und eilt davon. Dabei gibt sie vor, Sie nicht gesehen zu haben. Sie betreten daraufhin das Zimmer von Frau Schulz. Diese liegt wimmernd im Bett. Ihre rechte Wange zeigt eine auffällige Rötung in Form fingerartiger Umrisse.

Hat sich Frau Nebel strafbar gemacht?

Aufgabe 3:

Nach bestandener Prüfung arbeiten Sie in einer Einrichtung der Jugendhilfe für schwer Erziehbare. In dieser wohnt auch der 17-jährige Benjamin Brinkmann. Als Sie diesen heute bitten, sein Zimmer aufzuräumen, geht Benjamin, der heute in der Schule in Deutsch ein „ungenügend“ erhalten hat und sowieso schon „gefrustet“ ist, aus vollem Hals schreiend und mit geballter Faust auf Sie los. Geistesgegenwärtig versetzen Sie ihm einen Faustschlag in den Magen, was ihn abrupt stoppt. Nachdem Benjamin wieder zu Atem gekommen ist, schreit er, dass er Sie anzeigen werde.

Müssen Sie sich nun Sorgen machen?

Aufgabe 4:

Benjamin Brinkmann (vgl. Aufgabe 3) ist noch nicht am Ende. Vielmehr beschimpft er sie noch als „Erziehungsarschloch“ und Ihren Hund Wotan, den Sie heute ausnahmsweise mit auf die Arbeit genommen haben, als „Dreckskÿter“. Außerdem gibt er Wotan, welcher sich von dem ganzen Geschrei verängstigt unterm Tisch verkrochen hat, einen kräftigen Fußtritt. Wotan erleidet hierdurch eine stark blutende Platzwunde. Hat sich Benjamin strafbar gemacht? Falls ja, nennen Sie die in Frage kommenden Straftatbestände (außer Tierquälerei) und erläutern Sie, wer jeweils das Opfer ist.

Aufgabe 5:

Der diensthabende Arzt Aloysius Adler will seinen sterbenden Patienten durch eine Überdosis Morphium von seinem Leiden erlösen. Er bereitet die Injektion selbst vor und veranlasst die ahnungslose Pflegekraft Paula Engelskirchen, dem Sterbenden die Injektion zu geben.

Strafbarkeit der beiden?

Aufgabe 6:

Die Pflegekraft Persephone Peters berichtet der Ärztin Angelina Angermann, sie habe mit dem sterbenden Patienten Peter Pein großes Mitleid und könne sein Leiden nicht länger mit ansehen. Mehrfach habe der Patient, der bei klarem Verstand sei, sie gebeten, seinem Leben ein Ende zu setzen, da er die ständigen Schmerzen nicht mehr ertragen könne. Frau Angermann beschafft Frau Peters eine Überdosis Morphium, damit sie den Sterbenden von seinem Leiden erlösen kann. Frau Peters verabreicht dem Patienten während ihrer nächsten Schicht die tödliche Dosis.

Strafbarkeit der beiden?

Aufgabe 7:

Der 13-jährige Dustin Dunkel entreißt Oma Kleinmann, die gerade eine Bankfiliale verlässt, ihre Handtasche und entkommt. Als er die Tasche später untersucht, findet sich darin außer einer Flasche Kölnisch Wasser nichts. Oma Kleinmann, die Bargeld und Haustürschlüssel klugerweise stets in die Innentasche ihrer Jacke zu stecken pflegt, ärgert sich trotzdem.

Hat sich Dustin strafbar gemacht?

Aufgabe 8:

Dustin (aus Aufgabe 7) erzählt seinem 22 Jahre alten Bruder Marvin von dem für ihn enttäuschenden Ergebnis seiner „Aktion". Marvin erklärt daher Dustin, er wolle ihm mal zeigen, wie man das richtig mache. Am Abend lauert er dem Kaufmannsgehilfen Siegfried Schnell auf. Herr Schnell stellt wie jeden Abend seine Aktentasche mit den Tageseinnahmen seines Arbeitgebers in den Kofferraum seines Autos. Als sich Herr Schnell noch einmal umdreht, um sich von seiner attraktiven Kollegin Susi Flott zu verabschieden, pirscht sich Marvin heran und nimmt den Aktenkoffer an sich. Neben Dustin hat Marvins 19 Jahre Kumpel Kevin aufgepasst, dass Marvin dabei von niemandem beobachtet wurde. Kevin ist leider sonst nicht ganz so helle. Sein Entwicklungszustand entspricht dem eines 15-Jährigen.

Erläutern Sie die Strafbarkeit von Marvin und Kevin.

Aufgabe 9:

Stalkerin eingewiesen

Weststadt – Eine Zeit der Angst liegt hinter dem Opfer Helmut K. Die Täterin Jenny D. (27) verfolgte den Mann monatelang und verletzte ihn einmal mit einer Schere. Alle Mahnungen hielten sie nicht ab. Vor Gericht gab sie an, sie wollte wissen, ob er sie liebe. Das Gericht entschied jetzt, die Frau in die geschlossene Psychiatrie einzuweisen.

Aus einem Zeitungsbericht

Frage 1: Welche Straftat stellt die Verletzung mit der Schere dar?

Frage 2: An welchem Prüfungspunkt eines vorsätzlichen Begehungsdeliktes ist das Gericht im hier vorliegenden Fall „ausgestiegen"?

Frage 3: Benennen Sie die Rechtsfolge nach dem StGB, die das Verhalten der Täterin hier nach sich gezogen hat.

Aufgabe 10:

Der Patienten Paul Nette soll auf ärztliche Anweisung hin an einen Tropf mit einem „Medikamentencocktail" angeschlossen werden. Als die Pflegefachkraft Rita Resolut ihn zu diesem Zweck heute zum dritten Mal aufsucht, weigert sich Paul dies zu dulden, da er Bedenken hinsichtlich der Verträglichkeit der Medikamente hat. Rita verbittet sich unter Hinweis auf den zeitlich engen Dienstplan derartiges „Palaver" und zieht Herrn Nette zu sich heran. Frau Resolut legt Herrn Nette fachgerecht an den Tropf. Der verabreichte „Medikamentencocktail" ruft bei Herrn Nette einen lang andauernden Schwindel hervor

Hat sich Rita Resolut strafbar gemacht?

Aufgabe 11:

Das Blatt WILD berichtet: „Es sollte so ein schöner Tag werden! Die Gruppe Ausflügler aus dem Behindertenwohnheim sah sich allerdings gestern am Nordstätter Flussufer der Attacke eines Rottweilers ausgesetzt. Beherzt ergriff die Heilerziehungspflegerin Gisela Fichte, die die Gruppe begleitete, einen herumliegenden Ast und rammte ihn der Bestie in Notwehr ins Auge. Der Hund ließ daraufhin von der Gruppe ab. Gerettet!"

Finden Sie den sachlichen Fehler im vorherigen Text und korrigieren Sie diesen. Begründen Sie Ihre Korrektur.

Aufgabe 12:

Der Unternehmer Karl Reich ist an Krebs erkrankt. Er kann die ihn plagenden Schmerzen nicht mehr ertragen. Daher bittet Reich den ihn behandelnden Arzt Prof. Brinkmann ausdrücklich und ernsthaft, ihn durch die Injektion eines tödlichen Mittels von seinem Leiden zu erlösen. Da er wisse, dass möglicherweise der Ruf von Prof. Brinkmann leide, wenn etwas herauskomme, habe er ihn „als Trostpflaster" in seinem Testament zum Alleinerben eingesetzt. Prof. Brinkmann, der als Onkologe im Laufe der Jahre gegenüber dem Leiden seiner Patienten eine professionelle Distanz aufgebaut hat, hat mit Herrn

Reich kein Mitleid. Allerdings kann er sich sehr gut vorstellen, die Millionen des Herrn Reich für den Rest seines Lebens an einem Strand in der Karibik zu verjuxen. Er tut daher, worum ihn sein Patient gebeten hat.

Hat Prof. Brinkmann sich strafbar gemacht?

Aufgabe 13:

Sie arbeiten als Heilerziehungspflegerin in einem Behindertenwohnheim. Der Bewohner Christoph Rampf hat einem anderen Bewohner vor einiger Zeit 100,00 Euro aus dessen Geldbörse entwendet. Der Bestohlene hat die Tat der Staatsanwaltschaft zur Kenntnis gebracht. Heute begleiten Sie Herrn Rampf zur Gerichtsverhandlung. Herr Rampf hat dem anderen Bewohner das Geld in der Zwischenzeit in Raten zurückgezahlt. Der Richter meint: „Na, dann können wir ja bei der Geldstrafe bleiben." Herr Rampf wird im Anschluss zu „30 Tagessätzen" verurteilt, wobei das Gericht die Höhe des einzelnen Tagessatzes auf 5,00 Euro festsetzt. Herr Rampf versteht dies nicht so ganz und fragt daher Sie, was das denn genau bedeute.

Bitte erklären Sie das Herr Rampf.

Aufgabe 14:

Wo findet man, welches Handeln strafbar ist?

Aufgabe 15:

Der 15-jährige geistig behinderte Marko kann zwischen Recht und Unrecht nicht unterscheiden. Da er sich sehr bemüht, anderen Menschen zu gefallen, tut er oft, was andere ihm sagen. Diesen Umstand gedenkt der ebenfalls 15-jährige nicht behinderte Jürgen auszunutzen. Er schickt daher Marko in ein Elektronikkaufhaus mit dem „Auftrag", ihm den teuersten MP3-Spieler „ohne Bezahlung" zu holen. Marko steckt eines der ausgestellten Geräte in seine Jackentasche und geht an der Kasse vorbei. Hinter der Kasse ist eine Schranke aufgebaut. Da die entsprechende elektronische Sicherung an dem Gerät von der Kassenkraft nicht entfernt wurde, wird der Alarm ausgelöst und so kommt alles heraus.

Haben sich Marko und Jürgen strafbar gemacht?

8 Arbeitsrecht

8.1 Heilerziehungspfleger als Arbeitnehmer

Aufgabe 1:

Die Heilerziehungspflegerin Susanne Möller ist in einer WfbM angestellt. Träger der WfbM ist ein eingetragener Verein. Ihr schriftlich abgeschlossener Arbeitsvertrag enthält die folgende Klausel:

Frau Möller wird als Heilerziehungspflegerin eingestellt. Sie hat alle mit dieser Tätigkeit in der Werkstatt anfallenden Tätigkeiten zu verrichten. Das Nähere wird durch Arbeitsanweisungen geregelt..."

Nach einiger Zeit kommt es in der WfbM zum Konflikt, da andere Mitarbeiter Frau Möller vorwerfen, ihre Arbeit mit den Menschen mit Behinderung nicht ordnungsgemäß durchzuführen. Der Arbeitgeber entschließt sich daher, Frau Möller aus dem Direktkontakt mit den Menschen mit Behinderung herauszuziehen und weist ihr jeden Morgen eine andere Tätigkeit zu. Dies sind Bürotätigkeiten in der Verwaltung (Ablage, Telefondienst), Säuberung der sanitären Anlagen und ähnliches.

Frau Möller will wissen, ob diese Ausübung des Direktionsrechts ihres Arbeitgebers rechtlich zulässig ist, da sie auf einen Entzug der von ihr bis dato vorgenommenen verantwortungsvollen Tätigkeiten hinausläuft.

Aufgabe 2:

Die Arbeitnehmerin Bertha Waffenschmidt verdient im Monat 1.500,00 Euro netto. In ihrem Arbeitsvertrag ist geregelt, dass sie ein Weihnachtsgeld in Höhe von 250,00 Euro erhält, wenn sie am 31.03. des Folgejahres noch in einem Arbeitsverhältnis mit ihrem jetzigen Arbeitgeber steht. Frau Waffenschmidt überlegt, zum 31.01. zu kündigen.

Frage 1: Muss Frau Waffenschmidt das Geld dann zurückzahlen?

Frage 2: Was, wenn bei ansonsten gleich lautender Klausel Frau Waffenschmieds Weihnachtsgeld lediglich 50,00 Euro beträgt?

Aufgabe 3:

Welche Bedeutung haben die folgenden Angaben in Arbeitszeugnissen?

a. Frau Schmitz trug durch ihre Geselligkeit sehr zur Verbesserung des Betriebsklimas bei.

b. Frau Wermelskirchen hat die ihr übertragenen Aufgaben stets zu unserer vollsten Zufriedenheit erfüllt.

c. Herr Korinthe hat alle Arbeiten sehr ordnungsgemäß erledigt.

d. Frau Kaltwasser bemühte sich stets, die ihr übertragenen Aufgaben zu erledigen.

e. Herr Neumann bewies Einfühlungsvermögen für die Belange der Belegschaft.

Aufgabe 4:

Der Heilerziehungspfleger Helmut Hahnfuß ist seit drei Jahren im Altenheim des Alten- und Behindertenhilfe Ostheim e. V. beschäftigt. Außer ihm beschäftigt der Verein noch 30 weitere Mitarbeiter. Herr Hahnfuß sympathisiert mit einem schweizerischen Verein, der sich für eine Legalisierung von aktiver Sterbehilfe einsetzt. Er legt daher im Sozialraum für das Personal Informationsmaterial des Vereins aus. Dies führt unter den Mitarbeitern zu großer Aufregung. Der Personalverantwortliche bittet Herrn Hahnfuß daraufhin zu einem Gespräch, in dem er das Auslegen des Materials als gravierendes Fehlverhalten brandmarkt. Herr Hahnfuß entgegnet hierauf, dass er seine nach reiflicher Überlegung gewonnene Überzeugung nicht „einfach ablegen könne wie einen alten Hut“. Er werde daher keinen Verzicht auf weitere derartige „Aktionen“ erklären. Zwei Tage nach dem Gespräch legt Herr Hahnfuß erneut Informationsmaterial im Sozialraum aus. Daraufhin geht ihm eine frist- und formgerechte ordentliche Kündigung zu.

Ist Herr Hahnfuß rechtswirksam gekündigt?

Aufgabe 5:

Heilerziehungspflegerin Uta Unruh ist ein Mensch, dessen Selbstorganisation zu wünschen übrig lässt. So erscheint sie auch oftmals an ihrem Arbeitsplatz nicht pünktlich. Dabei betragen ihre Verspätungen wenige Minuten bis zu einer halben Stunde. Frau Unruh erhält deswegen von ihrem Arbeitgeber zahlreiche Abmahnungen, denen allerdings bislang keine weiteren Taten folgten. Die letzte Abmahnung, die Frau Unruh gestern erreichte, war allerdings mit „LETZTMALIGE ABMAHNUNG“ überschrieben.

Frau Unruh fragt sich, ob es nunmehr angezeigt sein kann, an ihrer Selbstorganisation zu arbeiten.

Bearbeiterhinweis: Das KSchG findet Anwendung.

Aufgabe 6:

Heilerziehungspfleger Ferdinand Feurig arbeitet seit einigen Jahren in einer Einrichtung, die von einer Kirche betrieben wird. Diese Kirche hat die Rechtsform einer Körperschaft des öffentlichen Rechts. Im Kreis der Kollegen klagt Ferdinand seit einiger Zeit zunehmend über Eheprobleme. Heute sieht der Personalverantwortliche der Einrichtung, wie Ferdinand kurz vor Schichtbeginn einem Auto entsteigt. Das Fenster auf der Fahrerseite wird heruntergekurbelt und Herr Feurig tauschte noch einen filmreifen Kuss mit der

Fahrerin aus. Bei der Dame handelt es sich jedoch nicht um seine Ehefrau. Im Personalgespräch erklärt Herr Feurig, dass es sich bei der Dame um seine Freundin handele. Seine Ehe sei sowieso „den Bach runter“ und nicht mehr zu retten. Man lebe seit Beginn des Monats getrennt und habe auch nicht vor, die eheliche Lebensgemeinschaft wiederherzustellen. Er sei froh, seine Freundin gefunden zu haben und sehe keinen Anlass, das gemeinsame Glück vor der Welt zu verstecken.

Muss Herr Feurig in dieser Situation mit einer wirksamen Kündigung seiner Arbeitgeberin rechnen?

Aufgabe 7:

Sie arbeiten als Heilerziehungspfleger/in bei der Behindertenhilfe Weststadt g GmbH. Die g GmbH beschäftigt mehr als 30 Mitarbeiter aus verschiedenen sozialen Berufen. Ihre Kollegen haben Sie in den im Unternehmen bestehenden Betriebsrat gewählt. Dort haben Sie sich bereits in kurzer Zeit aufgrund Ihrer profunden Kenntnisse des Arbeitsrechts einen Namen gemacht. Daher werden Kollegen, welche sich vertrauensvoll in arbeitsrechtlichen Fragestellungen an den Betriebsrat wenden, stets zu Ihnen geschickt. Heute Morgen wartet zu Beginn der Sprechstunde bereits Frauke Faulhaber vor der Tür des Betriebsratsbüros auf Sie. Nachdem Sie Frau Faulhaber zu einem Gespräch hineingebeten haben, berichtet sie Ihnen Folgendes:

„Leider war ich aufgrund eines Sportunfalls die letzten drei Wochen krankgeschrieben und war deshalb ja auch nicht hier, wie Sie vielleicht an der Umstellung der Dienstpläne bemerkt haben. Zu dem Unfall ist es so gekommen: mein größtes Hobby ist der Amateur-Frauenfußball. Ich bin Spielführerin einer Bezirksliga-Damenfußballmannschaft. Am Sonntag vor drei Wochen hatten wir ein für den Klassenerhalt äußerst wichtiges Heimspiel zu bestreiten. Obwohl ich mich infolge einer bereits in der ersten Halbzeit erlittenen leichten Bänderüberdehnung nicht so besonders gut fühlte, habe ich dann in der 85. Minute noch einmal alles auf eine Karte gesetzt und versucht, mittels einer sogenannten „Blutgrätsche“ meiner Mannschaft doch noch eine letzte Chance zu eröffnen. Dabei rissen dann zwei Bänder in dem bereits in der ersten Halbzeit lädierten Bein. Da ich nicht wusste, welcher Arzt Notdienst hatte, habe ich im Anschluss an das Spiel meine Kusine Wilma Faulhaber aufgesucht. Diese ist seit ein paar Jahren in Südhausen als praktische Ärztin niedergelassen. Wilma hat mein Bein versorgt, mir eine Überweisung für die Uni-Klinik Weststadt gegeben und mich dann für die nächsten drei Wochen krankgeschrieben. Die Krankschreibung hat mein Mann dann sofort am nächsten Tag, dem Montag, vor seiner eigenen Arbeit hier bei der Geschäftsleitung abgegeben. Ich wurde noch in der Woche von Professor Deus an der Uniklinik operiert. Es ist auch soweit alles gut verheilt, sodass ich jetzt wieder meiner Arbeit nachgehen kann. Als ich heute Morgen allerdings das erste Mal seit dem Unfall wieder hierher kam, hat mich der Geschäftsführer sofort in sein Büro beordert. Er eröffnete mir, dass die g GmbH mir für die zurückliegenden drei Wochen bei der nächsten Abrechnung den Lohn kürzen werde. Aufgrund des verwandtschaftlichen Näheverhältnisses habe man Zweifel an der Richtigkeit des Attestes meiner Kusine. Wie die das rausgefunden haben, weiß ich auch nicht, vielleicht aufgrund unseres bayrischen Namens, der hier in der Region ja sehr selten ist. Weiterhin meinte der Geschäftsführer aber auch, dass die g GmbH auch aufgrund der übrigen Umstände nicht zur Zahlung verpflichtet sei. Auch hier habe ich keine Ahnung, wie die das rausgekriegt haben! Vielleicht liegt es daran, dass ich über das Missgeschick auch viel in meinem Blog im Internet geschrieben habe, weil mir in den drei Wochen so langweilig war. Was soll ich denn jetzt machen? Bitte geben Sie mir einen Rat!“

Beschreiben Sie, wie Sie in der vorliegenden Situation handeln würden. Begründen Sie Ihr Vorgehen.

Aufgabe 8:

Ausgangssituation wie oben in Aufgabe 7

Als zweiter betritt der Heilerziehungspfleger Rudolf Heesters ihr Büro. Herr Heesters arbeitet seit 15 Jahren bei der g GmbH. Herr Heesters erhielt gestern von der g GmbH ein Schreiben, in dem ihm unter Einhaltung der gesetzlich einschlägigen Kündigungsfrist gekündigt wurde. An den Fall des Herrn Heesters können Sie sich von der letzten Betriebsratssitzung her noch gut erinnern, da er dort für erhebliches Aufsehen gesorgt hat. Hintergrund der Kündigung von Herrn Heesters ist folgender: Herr Heester arbeitet in seiner Arbeitsgruppe mit Menschen mit Schwerstbehinderungen. Er hat dort immer gute bis sehr gute Arbeit geleistet. Vor einigen Tagen saß Herr Heesters mit der Praktikantin Gabriele Grün allein in der Teeküche. Im Gespräch mit Frau Grün bezeichnete Herr Heesters die von ihm betreuten Menschen mit Schwerstbehinderungen dabei als „hirnlose Zellklumpen", denen etwas beibringen zu wollen „sowieso sinnlos sei, da solle man sich doch nichts vormachen". Er als langjährig erfahrene Kraft gebe ihr den guten Rat zu überdenken, ob sie nicht doch lieber einen anderen Beruf ergreifen wolle, wenn sie ihren Schulabschluss habe. Dieses Gespräch wurde vom Geschäftsführer der g GmbH, der gerade zufällig an der offenen Tür der Teeküche vorbeiging, mit angehört. Der Geschäftsführer beschloss daraufhin Herrn Heesters im Namen der g GmbH zu kündigen und wollte dies mit angeblichen betrieblichen Umstrukturierungen begründen, damit Herr Heesters auf dem Arbeitsmarkt noch „eine reale Chance" habe, etwas Neues zu finden, schließlich habe es an der fachlichen Leistung des Herrn Heesters nichts auszusetzen gegeben. Sie haben sich als einziges Mitglied des Betriebsrates in der letzten Betriebsratssitzung gegen eine Kündigung des Herrn Heesters ausgesprochen.

Frage 1: Ist die Kündigung des Herrn Heesters rechtswirksam?

Frage 2: Hätte der g GmbH (noch?) eine andere Möglichkeit offen gestanden, Herrn Hesters zu kündigen?

Aufgabe 9:

Sie arbeiten als Heilerziehungspfleger/in in einer Einrichtung der Behindertenhilfe, die von einem eingetragenen Verein betrieben wird. In der Einrichtung arbeiten elf Mitarbeiter, wobei zwei Mitarbeiterinnen aus familiären Gründen nur Teilzeit (jeweils zwanzig Stunden pro Woche) arbeiten. Eine der beiden Mitarbeiterinnen ist wie Sie auch Mitglied des in der Einrichtung bestehenden Betriebsrates, die andere nicht. Das Arbeitsverhältnis der Teilzeitkraft, die nicht Betriebsratsmitglied ist, besteht seit fünf Jahren, wobei sie bis zur Geburt ihres Kindes vor anderthalb Jahren Vollzeit gearbeitet hat. Nach einer Babypause von einem halben Jahr hat die Mitarbeiterin vor ca. einem Jahr ihren bisherigen Aufgaben in der Einrichtung (nur eben jetzt in Teilzeit) wieder übernommen.

In der nächsten Betriebsratssitzung bringt Ihnen der Vereinsvorstand zur Kenntnis, dass er beabsichtige, beiden Teilzeitkräften zu kündigen. Der Teilzeitkraft, die nicht Betriebsratsmitglied ist, wolle man unter Einhaltung der Kündigungsfrist zum nächstmöglichen Termin kündigen. Denn es habe sich im Arbeitsalltag erwiesen, dass Teilzeitarbeit mit der in der Einrichtung praktizierten Form der intensiven einzelpädagogischen Begleitung der Menschen mit Behinderung nicht vereinbar sei.

Der Mitarbeiterin, die Betriebsratsmitglied sei, beabsichtige man indessen ohne eine Einhaltung einer Kündigungsfrist zu kündigen. Wie der Betriebsrat wisse, habe diese Person in der letzten Woche am Brückentag unbefugterweise „blau gemacht“, nachdem ihr seitens des Arbeitgebers die Gewährung von Urlaub für diesen Tag verwehrt worden sei. Welche Folgen das Nichterscheinen für den Dienstablauf am Brückentag gehabt habe, sei allen zum Dienst angetretenen Mitarbeitern wohl noch gut in Erinnerung. Das Vertrauen in die Zuverlässigkeit der Mitarbeiterin seitens des Arbeitgebers sei daher erschüttert. Es sei dem Arbeitgeber nicht zumutbar, die Mitarbeiterin auch nur bis zum Ablauf der Kündigungsfrist weiterzubeschäftigen, da das „Abtauchen“ jederzeit wieder passieren könne. Schließlich habe der Gedanke an die hierdurch erforderliche Mehrarbeit der Kollegen die Mitarbeiterin ja auch letzte Woche nicht von dem gegen ihren Arbeitsvertrag verstoßenden pflichtwidrigen Verhalten abgehalten.

Frage 1: Bestimmen Sie anhand der Vorschrift des § 622 BGB die Kündigungsfrist für die Teilzeitkraft, deren Arbeitsverhältnis bis jetzt fünf Jahre bestanden hat.

Frage 2: Der Betriebsrat ist einstimmig der Ansicht, dass die vom Vereinsvorstand dargelegte Auffassung hinsichtlich der aus der Babypause zurückgekehrten Kollegin nicht den Tatsachen entspricht. Die Kollegin habe sich genauso in das Team eingebracht wie zu der Zeit, als sie noch Vollzeit gearbeitet habe.

Die Mitarbeiterin, die Betriebsratsmitglied ist, hat sich schon mehrfach bei den anderen Mitarbeitern entschuldigt und bittet auch jetzt in der Betriebsratssitzung um Verzeihung. Sie habe einfach nicht überlegt, welche Konsequenzen ihr Verhalten haben könne. Etwas Derartiges werde ihr in Zukunft nicht mehr passieren. Sie bietet darüber hinaus „als Buße“ an, bis zum Ende des Jahres den von den anderen Mitarbeitern wenig geliebten Wochenend- und Nachtdienst so weit wie nur eben arbeitsrechtlich zulässig freiwillig zu übernehmen.

Der Betriebsrat überlegt nunmehr, ob er rechtlich etwas gegen die beiden vorgesehenen Kündigungen unternehmen kann.

Frage 3: Gesetzt den Fall, der Betriebsrat könnte beide oder zumindest eine der beiden Kündigungen durch sein Verhalten rechtswirksam verhindern – hat der Arbeitgeber seinerseits rechtliche Handhabe doch noch rechtswirksam die Kündigung „durchzudrücken“?

Aufgabe 10:

Der Heilerziehungspfleger Herbert Pittermann bewirbt sich bei der Südfälischen Jugendhilfe g GmbH um eine Stelle als Gruppenleiter. Wie ihm die Geschäftsführerin der g GmbH Frau Bona während des Vorstellungsgesprächs erläutert, handelt es sich bei der zu betreuenden Gruppe um autistische Jugendliche, die bisweilen sehr aggressiv reagieren. Daher sei es unabdingbar, dass die sie betreuende Fachkraft sich jederzeit vollkommen in der Gewalt habe, da damit zu rechnen sei, dass es seitens der Jugendlichen zu Ausfällen kommen werde. Frau Bona fragt Herrn Pittermann daher ausdrücklich, ob er seinerseits wegen irgendwelcher Gewaltdelikte vorbestraft sei. Herr Pittermann ist tatsächlich wegen der Beteiligung an einer Schlägerei gemäß § 231 StGB vorbestraft. Da es sich jedoch hierbei um eine Kneipenschlägerei während seiner Freizeit gehandelt hat und er zum damaligen Zeitpunkt auch nicht mehr völlig nüchtern war, denkt sich Herr Pittermann, dass er hier nicht die Wahrheit zu sagen brauche. Er verneint daher Frau Bonas Frage nach etwaigen Vorstrafen. Herr Pittermann wird im Anschluss eingestellt.

Eines Tages wird Herr Pittermann von einem der von ihm zu betreuenden Jugendlichen derart getriezt, dass er sich zu einem wuchtigen Fausthieb gegen diesen hinreißen lässt. Frau Bona sieht durch den Vorfall den guten Ruf ihres Hauses gefährdet. Sie zieht daher Erkundigungen über Herrn Pittermann bei seinem alten Arbeitgeber ein. Dabei erfährt sie auch (informell) von der Vorstrafe.

Frau Bona ist empört, derartig belogen worden zu sein. Da ihrer Erfahrung nach die Arbeitsgerichte im Fall einer Kündigung wenig arbeitgeberfreundlich entscheiden, überlegt sie, ob die g GmbH in dieser Situation nicht noch andere rechtliche Handhabe zur Verfügung stehen, um aus dem Arbeitsverhältnis mit Herrn Pittermann alsbald „herauszukommen“.

Ist dies der Fall?

Aufgabe 11:

Die examinierte Pflegekraft Frau Anna Angermann (58 Jahre) arbeitet seit 35 Jahren in dem von der „Kreisaltenhilfe GmbH“ betriebenen Altenheim in der stationären Pflege. Die GmbH spürte in den letzten drei Jahren zunehmend die Konkurrenz durch ambulante Pflegedienste, die pflegebedürftigen Senioren ein Verbleiben in ihrer vertrauten Umgebung ermöglichten. Daher hat auch sie einen mobilen Pflegedienst als „zweites Standbein“ aufgebaut. In der mobilen Pflege sind derzeit 15, in der stationären Pflege 30 Mitarbeiter beschäftigt. Da die Bausubstanz des Hauses zu wünschen übrig lässt, hat die GmbH eine große Investition unternommen, um das Haus grundlegend zu renovieren. Dabei wird festgestellt, dass das Haus mit Asbest belastet ist. Als dies in den lokalen Medien bekannt wird, werden zahlreiche Verträge vonseiten der alten Menschen oder ihren Betreuern gekündigt. Die GmbH sieht sich nunmehr hart am Rande der Insolvenz. In dieser Situation beschließt sie, den Betriebsteil der stationären Pflege abzuwickeln, um zumindest den mobilen Pflegedienst zu „retten“. Sie kündigt daher alle noch bestehenden Heimverträge mit den Bewohnern und spricht gegenüber 28 Mitarbeitern, die bisher im Bereich der stationären Pflege tätig waren, betriebsbedingte Kündigungen aus. Die zwei Mitarbeiter, denen gegenüber keine betriebsbedingte Kündigung ausgesprochen wurde, sollen Stellen im mobilen Pflegedienst erhalten, da dort zwei Mitarbeiterinnen ihrerseits gekündigt haben.

Frau Angermann ist geschockt. Angesichts ihres fortgeschrittenen Lebensalters befürchtet sie, keine Anstellung mehr zu finden. Ihre beiden Kinder (Zwillinge), denen sie unterhaltspflichtig ist, studieren derzeit noch (Medizin). Ihr Ex-Mann ist schon vor Jahren verarmt verstorben.

Ein Betriebsrat hat in der Einrichtung noch nie existiert.

Frau Angermann fragt sich, ob sie gegen ihre Kündigung vorgehen soll.

Aufgabe 12:

Frau Kunigunde Krämer ist neben weiteren zwölf Mitarbeitern seit Anfang 2001 bei der Behindertenhilfe Nordfalen g GmbH als Heilerziehungspflegerin beschäftigt.

Nachdem sie jahrelang kaum Fehlzeiten aufwies, häuften sich seit dem Jahr 2005 ihre krankheitsbedingten Ausfälle. Im Einzelnen fehlte sie im Jahr 2005 an 45 Arbeitstagen, 2006 an 83 Arbeitstagen, 2007 an 36 Arbeitstagen, 2008 an 54 Arbeitstagen und 2009 bisher an 30 Arbeitstagen. Dabei waren die Krankheitszeiten über das ganze Jahr verteilt, und beruhten auf unterschiedlichen gesundheitlichen Ursachen, sodass Frau Krämer nahezu durchgängig Entgeltfortzahlung von der g GmbH erhielt.

Ein ärztliches Gutachten lässt nicht erkennen, dass mit einer dauerhaften Besserung des Gesundheitszustandes von Frau Krämer zu rechnen ist.

Die Fehlzeiten von Frau Krämer führten dazu, dass der Dienstplan jeweils kräftig durcheinander gewirbelt wurde. Die Kollegen fühlten sich dadurch zunehmend belastet.

Mitte September 2009 kündigt die g GmbH daher das Arbeitsverhältnis mit Frau Krämer zum 31.12.2009. Ihre schriftliche Kündigungserklärung lässt sie Frau Krämer durch einen Büroboten überbringen.

Kann Frau Krämer über den 31.12.2009 hinaus von der Behindertenhilfe Nordfalen g GmbH Lohnzahlung verlangen?

Aufgabe 13:

Herr Erwin Elster arbeitet als Heilerziehungspfleger in einem von der Krankenpflege g GmbH betriebenen Krankenhaus und verdient dort 1700,00 Euro im Monat.

In einer Klausel des (schriftlichen) Arbeitsvertrages ist festgelegt, dass Herr Elster als Anerkennung für seine Arbeitsleistung ein Weihnachtsgeld in Höhe von 500,00 Euro erhält. Im zweiten Satz der Klausel ist festgelegt, dass Herr Elster das Geld zurückzahlen muss, wenn er vor dem 31.03. des Folgejahres aus dem Arbeitsverhältnis ausscheidet.

Ist diese Vereinbarung zulässig?

Aufgabe 14:

Die examinierte Pflegekraft Sigrid Paulsen ist bei der Altenhilfe Nord-West g GmbH angestellt. Heute geht sie in den Vorratsraum, um sich dort mit einigen neuen Mullbinden für ihren Arbeitstag zu versorgen. Auf dem Tisch im Vorratsraum steht eine Palette frisch gelieferter Pipetten. Frau Paulsen wischt diese leicht fahrlässig mit dem Ellenbogen vom Tisch. Die Hälfte der Pipetten springt dabei klirrend entzwei. Der aufgrund des fürchterlichen Geräusches herbeigeeilte Geschäftsführer der g GmbH teilt Frau Paulsen mit, dass die g GmbH den entstandenen Schaden von ihrer nächsten Lohnabrechnung einbehalten werde.

Zu Recht?

Aufgabe 15:

Es gibt zwei Arten von Arbeitszeugnissen. Beschreiben Sie diese und ordnen Sie die Zeugnisangaben aus Aufgabe 3 einer der beiden Zeugnisarten zu.

8.2 Arbeitnehmer mit Schwerbehinderung

Aufgabe 1:

Anton Neumeier ist seit dem Jahre 1983 als Krankenpfleger im dem Heim „Haus Sonnenschein“ beschäftigt. Träger der Einrichtung ist die Sonnenschein g GmbH. Herr Neumeier ist Inhaber eines Schwerbehindertenausweises, der einen Grad der Behinderung des Herrn Neumeier von 50 Prozent ausweist. Herrn Neumeier wurden erhebliche arbeitsvertragliche Pflichtverletzungen, insbesondere die Missachtung ärztlicher Anweisungen, vorgeworfen. Die Pflegedienstleitung erfährt von den Vorfällen am 26.08.1998. Bereits einen Tag später wird der Betriebsrat über die beabsichtigte außerordentliche Kündigung des Herrn Neumeier informiert. Der Bescheid des zuständigen Integrationsamtes trägt das Datum vom 08.09.1998 und ist der Arbeitgeberin am 09.09.1998 zugegangen. Noch am 09.09. überbringt nachweislich ein Bote der Arbeitgeberin Herrn Neumeier das Kündigungsschreiben. Nach Ansicht von Herrn Neumeier hat die Arbeitgeberin die besonderen Fristenregelungen für Arbeitnehmer mit Schwerbehinderung nicht eingehalten.

Ist das Arbeitsverhältnis durch die Kündigung rechtswirksam beendet worden?

Aufgabe 2:

Lisa Sander ist schwerbehindert. Sie arbeitet seit zwei Monaten in einem Unternehmen als Sekretärin. Dort ist man mit der Arbeitsleistung von Frau Sander nicht zufrieden. Man kündigt ihr deshalb fristgerecht schriftlich zum nächstmöglichen Kündigungstermin. Frau Sander ist empört, schließlich sei sie eine anerkannte Frau mit Schwerbehinderung (mit Ausweis!), da könne man ihr doch nicht so einfach kündigen.

Ist das Arbeitsverhältnis von Frau Sander rechtswirksam gekündigt worden?

Aufgabe 3:

Der Bürokaufmann Erwin Lumme ist seit drei Jahren Inhaber eines Schwerbehindertenausweises. Seine Arbeitgeberin, die Roland Wusch AG, hat er seinerzeit sowohl über seinen Antrag als auch über den aus seiner Sicht günstigen Ausgang des Verfahrens informiert. In der sicheren Gewissheit, er sei ja nun „unkündbar" hat Herr Lumme seitdem von Zeit zu Zeit immer mal wieder etwas aus dem Büro „mitgehen" lassen. Der stete Schwund bleibt indessen vonseiten der Arbeitgeberin nicht unbemerkt, sodass sich die kaufmännischen Mitarbeiter am 10.11. bei Werksschluss einer Taschenkontrolle ausgesetzt sehen. In der Tasche von Herrn Lumme finden sich: ein Pack 500 g Kopierpapier, fünf Kugelschreiber, ein Laser-Pointer und ein Kommentar zum Betriebsverfassungsgesetz mit Unternehmensstempel auf dem Innendeckel. Die AG formuliert daraufhin am nächsten Tag schriftlich einen Antrag auf Zustimmung zur außerordentlichen Kündigung von Herrn Lumme, der beim zuständigen Integrationsamt am 14.11. eingeht. Am 28.11. telefoniert eine Mitarbeiterin des Integrationsamtes mit dem Leiter der Personalabteilung der AG. Sie teilt diesem mit, dass das Amt die Zwei-Wochen-Frist des § 91 III SGB IX verstreichen lassen wolle. Der Personalleiter lässt daraufhin nachweislich noch am selben Tag die Erklärung der fristlosen Kündigung per Boten an Herrn Lumme überbringen.

Ist das Arbeitsverhältnis zwischen Herrn Lumme und der AG durch die Kündigungserklärung rechtswirksam beendet worden?

Aufgabe 4:

Herr Ortmann ist ca. 1,52 bis 1,55 m groß und als Mann mit Schwerbehinderung mit einem Grad der Behinderung von 100 Prozent „amtlich anerkannt". Das Amt hat seinen Bescheid auf eine „Funktionseinschränkung der Gliedmaßen und des Rumpfes bei angeborenem Minderwuchs" gestützt. Herr Ortmann ist von der Computer-Hilfe AG als Kraft für den technischen Support (telefonische Beratung für Soft- und Hardware) eingestellt worden. Vor Abschluss des Arbeitsvertrages hat Herr Ortmann einen Personalbogen ausgefüllt, die Frage nach einer Schwerbehinderung hat Herr Ortmann dabei mit „NEIN" beantwortet, da er nicht geplant hat, sich auf seine Schwerbehinderung zu berufen. Nach einem Jahr kündigt die Arbeitgeberin das Arbeitsverhältnis fristlos. Vier Tage später teilt Herr Ortmann der Aktiengesellschaft mit, dass er mit einem Grad der Behinderung von 100 Prozent schwerbehindert sei. Daraufhin erklärt die AG die Anfechtung des Arbeitsvertrages wegen arglistiger Täuschung.

Besteht das Arbeitverhältnis zwischen Herrn Ortmann und der AG weiterhin?

Aufgabe 5:

Der Schwerbehinderte Siegesmund Schweins hat vor, in den nächsten Tagen einen Antrag auf Anerkennung als Schwerbehinderter zu stellen. Heute hat er allerdings erst einmal ein Vorstellungsgespräch bei dem Unternehmen Minimax AG als kaufmännischer Sachbearbeiter. Während des Vorstellungsgesprächs wird er gefragt, ob er schwerbehindert sei. Diese Frage verneint Herr Schweins wahrheitswidrig. Da seine Referenzen glänzend sind, erhält er die Stelle. Die hierfür erforderliche Arbeitsleistung wird aufgrund der Art seiner Schwerbehinderung nicht geschmälert. Sieben Monate nach seinem Arbeitsantritt überrascht Herr Schweins die Leiterin der Personalabteilung durch die Überreichung einer Kopie seines Schwerbehindertenausweises, den er in der Zwischenzeit erhalten hat. Seitens der Minimax AG ist man vollends empört. Da eine Kündigung von Herrn Schweins aufgrund des besonderen Kündigungsschutzes für Schwerbehinderte als zu risikoreich angesehen wird, beschließt man stattdessen, den Arbeitsvertrag wegen arglistiger Täuschung nach § 123 BGB anzufechten.

Wird diesem Vorgehen der AG rechtlich Erfolg beschieden sein?

Aufgabe 6:

Der im Jahre 1970 geborene Kurt Knauer war vom 01.03.2008 bis 30.09.2009 bei der Krankenhaus Berchtesheimer Land g GmbH als Krankenpfleger in einer Fünf-Tage-Woche beschäftigt. Herr Knauer ist anerkannter Schwerbehinderter. In § 8 seines Arbeitsvertrages war der Urlaubsanspruch wie folgt geregelt:

„bis zum vollendeten 40. Lebensjahr 29 Arbeitstage“

Bis zu seinem Ausscheiden am 30.09.2009 hatte Herr Knauer seitens seiner Arbeitgeberin keinen Urlaub für das Jahr 2009 erhalten. Bei der Beendigung des Arbeitsverhältnisses galt die Arbeitgeberin daher 29 Urlaubstage in Geld ab. Damit war Herr Knauer nicht einverstanden. Er forderte die g GmbH vergeblich auf, ihm noch fünf weitere Urlaubstage, die ihm zustünden, abzugelten. Herr Knauer überlegt nun, seinen Anspruch in Höhe von 506,28 Euro auf dem Gerichtswege durchzusetzen.

Frage 1: Vor welchem Gericht müsste Herr Knauer seine Klage erheben?

Frage 2: Wird das Gericht die g GmbH zu der von Herrn Knauer begehrten Zahlung verurteilen?

(Fall ist dem Urteil des BAG vom 24.10.2006, 9 AZR 669/05 nachgebildet)

9 Umfassende Fälle zur Wiederholung und Vertiefung

Um die folgenden Fälle bearbeiten zu können, sollten Sie über Wissen zu diesen Themen verfügen:

- Rechtsgeschäftslehre/Betreuungsrecht nach dem BGB
- Zivilrechtliche Haftung
- Arbeitsrecht
- Strafrecht
- SGB IX

Fall 1:

Während der Ausbildung zum/r Heilerziehungspfleger/in benötigen Sie dringend etwas Geld für Ihren Lebensunterhalt. Sie haben eine Wohnung in einer Eigentumswohnanlage gemietet. Nebenan wohnt die Familie Krammacher. Neben den Eltern Krammacher besteht diese aus dem fünfjährigen Kind Kevin, das an einer Körperbehinderung leidet. Sie verabreden mit den Eltern Krammacher, dass Sie gegen Entgelt ab und zu an Samstagen auf Kevin aufpassen werden, damit die Eheleute etwas entlastet sind und auch einmal etwas allein unternehmen können. Die Eltern Krammacher stimmen begeistert zu. Sie haben sich mit der Behinderung ihres Sohnes tiefgehend auseinandergesetzt und bitten Sie ausdrücklich, Ihre Betreuung von Kevin am „Normalisierungsprinzip" auszurichten. Auch ihr Erziehungsstil werde hiervon entscheidend geprägt. Gleichzeitig bitten die Eltern Sie, nicht nur pädagogische, sondern auch kleinere hauswirtschaftliche Aufgaben wie etwas Staub zu wischen usw. zu übernehmen.

Kevin spielt heute mit Ihrer Erlaubnis auf dem Bürgersteig vor der Wohnung der Nachbarn, Familie Suhrbier. Im Gegensatz zu Ihnen und Familie Krammacher sind diese keine Mieter, sondern Eigentümer der von ihnen bewohnten Eigentumswohnung.

Sie sortieren in der Wohnung das Pfand- und das Altglas der Familie Krammacher. In unregelmäßigen Abständen werfen Sie dabei immer mal wieder einen Blick durch das

Fenster nach draußen, wo Kevin zusammen mit einem anderen Nachbarsjungen spielt. Zwischen zwei derartigen Blicke rangelt Kevin mit seinem gleichaltrigen Spielkameraden und drückt diesen dabei an das Kellerfenster von Suhrbiers, woraufhin dieses zerspringt. Aufgeregt klingelt Frau Suhrbier bei Ihnen und verlangt, dass Kevins Eltern ihr die Scheibe ersetzen, denn schließlich hafteten Eltern für ihre Kinder, wie man ja auch an jeder Baustelle nachlesen könne. Außerdem hafteten Sie ja wohl auch, weil Sie schließlich auf Kevin in Abwesenheit der Eltern hätten aufpassen müssen.

Was können Sie Frau Suhrbier im Hinblick auf die Rechtslage antworten?

Fall 2:

Die Heilerziehungspflegerin Hertha Hunze arbeitet in einem Altenheim. Als sie am heutigen Morgen am Altenheim ankommt, ist dort „großes Hallo". Die Arbeitnehmer streiken für einen besseren Lohn. Hertha wird vom Streikposten Siegfried Solms angehalten. Als sie erklärt, dass sie sich nicht solidarisieren, sondern an ihren Arbeitsplatz möchte, wird sie von Siegfried als „Scheiß-Streikbrecherin" tituliert und derart heftig geschubst, dass sie hinfällt und sich Arme und Beine aufschürft. Frau Hunze begibt sich daher umstandslos zu ihrem Hausarzt, der ihre Verletzungen versorgt. Der Hausarzt säubert die Abschürfungen, stellt daneben noch einige Hämatome (Blutergüsse) fest und stellt Frau Hunze eine Arbeitsunfähigkeitsbescheinigung aus. Diese Arbeitsunfähigkeitsbescheinigung legt Frau Hunze am nächsten Tag bei ihrer Rückkehr an den Arbeitsplatz ihrem Arbeitgeber vor, nachdem sie ihn bereits am Vortag telefonisch über den Grund ihres Nichterscheinens in Kenntnis gesetzt hat.

Beurteilen Sie den Fall in arbeitsrechtlicher sowie in delikts- und strafrechtlicher Hinsicht.

Arbeitsrecht: Rechtsbeziehung Frau Hunze – Arbeitgeber

Strafrecht: Strafbarkeit des Herrn Solms

Deliktsrecht: Rechtsbeziehung Frau Hunze – Herr Solms

Fall 3:

Nach erfolgreich abgeschlossener Ausbildung arbeiten Sie seit einem Jahr als Heilerziehungspfleger/in in einer WfbM. Träger dieser Einrichtung ist die Behindertenwerkstatt Nordrhein g GmbH. Geschäftsführerin ist Frau Hannelore Paulmann. Die Menschen mit Behinderung werden in der Werkstatt von den Mitarbeitern verschiedener sozialer Berufe unterstützt, so auch von Ihnen. In Ihrer Gruppe befindet sich auch der 22-jährige Balduin Bast, dessen 21. Chromosom dreimal vorhanden ist (Trisomie 21). Zwar hat Herr Bast keine Vorstellungen davon, was etwa ein Kaufvertrag ist, kann aber seine eigenen Bedürfnisse und Wünsche gut artikulieren.

Herr Bast wohnt noch bei seinen Eltern und wird jeden Morgen mit dem Bus zu der Einrichtung gebracht. Herr Bast hat sich seit seiner Aufnahme in den Arbeitsbereich der Werkstatt vor zwei Jahren in der WfbM dauerhaft als ein sehr umgänglicher, kollegialer und leistungsstarker Gemüsegärtner erwiesen. Herr Kohl, welcher Inhaber einer Gemüsegärtnerei auf einem dem Hausgrundstück von Herrn Basts Eltern benachbarten Grundstück ist, würde Herrn Bast daher gerne in ein „reguläres Arbeitsverhältnis" übernehmen. Diesem Wunsch steht die Geschäftsleitung der Werkstatt skeptisch gegenüber.

Sie gibt zu bedenken, dass die soziale Absicherung von Herrn Bast im Alter sinken würde, sollte er die WfbM verlassen, da nach sozialrechtlichen Vorschriften bei einer Weiterbeschäftigung in der WfbM für Herrn Bast ein fiktives Einkommen von zurzeit 2.016,00 Euro anzusetzen sei (bei einem tatsächlichen Verdienst von Herrn Bast von zurzeit 350,00 Euro). Herr Kohl wäre nur bereit, Herrn Bast ein Arbeitsentgelt in Höhe von 1.2000,00 Euro (brutto) zu zahlen (was dem durchschnittlichen Lohn der bei ihm beschäftigten Gemüsegärtner ohne Behinderung entspricht). Die Rente von Herrn Bast würde daher sinken. Herr Bast möchte lieber bei seinem Nachbarn arbeiten, wie er Ihnen in mehreren Gesprächen nachdrücklich versichert. In den Betriebsferien der WfbM hat er auch schon einmal „probehalber" im Betrieb des Herrn Kohl mitgearbeitet. Seit er 18 Jahre alt ist, hat Herr Bast einen Betreuer, den Heilpädagogen Fridolin Waffner. Ein sogenannter Einwilligungsvorbehalt findet sich auf der Urkunde, mit der der Heilpädagoge vom Gericht zum Betreuer bestellt wurde, nicht.

Frage 1: Was ist/sind die Aufgaben einer WfbM?

Frage 2: Lesen Sie die §§ 136, 137 SGB IX. Stellen Sie anhand des Gesetzestextes zusammen, was die Aufgaben einer WfbM sind und welche Voraussetzungen erfüllt sein müssen, damit ein Mensch mit Behinderung in die WfbM aufgenommen werden kann.

Frage 3: Lesen Sie § 137 II SGB IX. Handelt es sich um eine sogenannte Muss-, Soll oder Kannvorschrift? Was schließen Sie aus der von Ihnen vorgenommenen Einordnung?

Frage 4: Herr Bast hat hier einen Betreuer. Was ist ein Betreuer und wo finden Sie hierzu Regelungen im Gesetz? Wer bestellt einen Betreuer? Nennen Sie auch die drei typischen Aufgabenkreise, die sich in der Rechtspraxis entwickelt haben und beschreiben Sie ihren Inhalt anhand eines Beispiels.

Frage 5: Was sagt Ihnen der Text in Bezug auf die Geschäftsfähigkeit von Herrn Bast?

Frage 6: Vor der Aufnahme in den Arbeitsbereich wird üblicherweise ein sogenannter Werkstattvertrag abgeschlossen. Erläutern Sie, was hierbei passiert ist und wer beteiligt war. Wer wird durch den Vertrag jeweils berechtigt und verpflichtet?

Frage 7: Könnte Herr Bast in der hier vorliegenden Situation eine Leistung der Unterstützten Beschäftigung in Anspruch nehmen (falls ja, bitte genau benennen, welche)?

Frage 8: Welche rechtliche Relevanz kommt den Bedenken der Geschäftsleitung der g GmbH zu?

Frage 9: Nehmen Sie an, Herr Waffner ist bestrebt, den Wünschen von Herrn Bast möglichst weitgehend Rechnung zu tragen. Was müsste er rechtlich tun?

Frage 10: Die Werkstattleitung befürchtet, einen ihrer Leistungsträger zu verlieren. Was kann sie Herrn Bast alternativ anbieten, um diesen zu halten?

10 Lösungen

10.1 Lösungen zu den Gerichtsbarkeiten (zu Kapitel 1.1)

Aufgabe 1:

Ob jemandem eine Baugenehmigung zu erteilen ist, bemisst sich nach Baurecht. Das Baurecht ist besonderes Verwaltungsrecht, also öffentliches Recht. Denn die Samariter GmbH steht als Antragstellerin der Gemeinde in einem Über-/Unterordungsverhältnis gegenüber. Das Amtsgericht ist aber nur für Streitigkeiten auf dem Gebiet der ordentlichen Gerichtsbarkeit (Zivilrecht und Strafrecht) zuständig. Die GmbH hat die Klage also nicht beim zuständigen Gericht erhoben. Sie hätte die Klage beim Verwaltungsgericht als dem zuständigem Gericht erheben müssen.

Aufgabe 2:

Frage 1: Da die Eingliederungshilfe für Menschen mit Behinderung in den §§ 53 ff. SGB XII, also im Bereich des Sozialrechts, angesiedelt ist und da es sich vorliegend erkennbar um eine Klage in erster Instanz handelt, wurde das klageabweisende Urteil vom Sozialgericht erlassen.

Frage 2: Der Rechtsanwalt meint, dass sich Herr Neumann nicht mit dem für ihn nachteiligen Urteil abfinden, sondern ein Rechtsmittel dagegen einlegen soll. Dies wäre im hier vorliegenden Fall die Berufung zum Landessozialgericht.

Aufgabe 3:

Zwar trifft es zu, dass für eine Leistungsklage, die auf die Zahlung von bis zu 5.000,00 Euro gerichtet ist, das Amtsgericht das sachlich zuständige Gericht ist. Jedoch gründet sich die Forderung hier auf einen Arbeitsvertrag, es handelt sich also um eine Rechtsstreitigkeit zwischen einer Arbeitnehmerin und einem Arbeitgeber aus einem Arbeitsverhältnis. Hierfür ist gemäß §§ 1, 2 I Nr. 3 ArbGG mitnichten das Amts-, sondern vielmehr das Arbeitsgericht sachlich zuständig. Die Klage wurde daher vor einem unzuständigen Gericht erhoben.

Aufgabe 4:

Hilda muss vor dem Amtsgericht als Eingangsinstanz (1. Instanz) klagen, da es um einen Rechtsstreit unter Bürgerinnen geht und der Anspruch weniger als 5.000,01 Euro beträgt (§§ 71, 23 GVG).

Aufgabe 5:

Da es um einen Anspruch aus einem Arbeitsverhältnis geht, müsste Herr Hummel nicht vor den Gerichten der ordentlichen Gerichtsbarkeit um Rechtsschutz nachsuchen, sondern vor den Arbeitsgerichten. Die Arbeitsgerichtsbarkeit ist eine besondere Zivilgerichtsbarkeit mit besonderer Ausprägung. In der Arbeitsgerichtsbarkeit sind auch auf der höchstrichterlichen Ebene (nämlich am Bundesarbeitsgericht in Erfurt) Schöffen als ehrenamtliche Richter tätig. Dies ist in der ordentlichen Gerichtsbarkeit anders. Bereits auf der Ebene der obergerichtlichen Rechtsprechung[11] ist eine Mitwirkung von Laienrichtern nicht mehr vorgesehen. Weiterhin versucht das Gericht obligatorisch, zwischen

[11] *also bei der Rechtsprechung seitens der Oberlandesgerichte*

den Parteien eines Arbeitsgerichtsprozess eine gütliche Einigung herbeizuführen, bevor es in die streitige Verhandlung geht. Der Instanzenzug in der Arbeitsgerichtsbarkeit unterscheidet sich ebenfalls von dem in der allgemeinen Zivilgerichtsbarkeit. Im Fall einer Leistungsklage ist immer das Arbeitsgericht die sachlich zuständige Instanz, auch wenn es beispielsweise um einen Lohnanspruch in Höhe von 5.500,00 Euro geht. Die zweite Instanz bilden die Landesarbeitsgerichte[12]. Die dritte Instanz ist das Bundesarbeitsgericht mit Sitz in Erfurt.

10.2 Lösungen zu den Rechtspersonen (zu Kapitel 1.2)

Aufgabe 1:

Frage 1: Im deutschen Recht sind nur natürliche und juristische Personen rechtsfähig, d. h. Träger von Rechten und Pflichten. Ein Tier ist demgegenüber nicht rechtsfähig. Wellensittich Pucki ist daher nicht Träger der Rechte und Pflichten, die mit der Rechtsstellung als Erbe der Frau Kunz verbunden sind. Frau Kunz' Testament hat demnach keine Rechtswirkungen[13].

Frage 2: Jennifer ist ein Mensch, also eine natürliche Person im Rechtssinne. Natürliche Personen erlangen die Rechtsfähigkeit mit der Vollendung ihrer Geburt (§ 1 BGB). Jennifers Geburt liegt fünf Jahre zurück, daher ist sie durch die gewillkürte Erbfolge (infolge des Testamentes) die Erbin ihrer Urgroßmutter geworden[14].

Aufgabe 2:

Unzweifelhaft ist Frau Melzer eine der beiden Vertragsparteien des Behandlungsvertrages. Fraglich erscheint, mit wem sie hier den Behandlungsvertrag abgeschlossen hat. Frau Melzer schließt mit dem Träger der Einrichtung den Vertrag ab. Dies ist hier die g GmbH als juristische Person des Privatrechts. Die GmbH ist somit selbst rechtsfähig. Und somit ist sie selber die aus dem Vertrag berechtigte und verpflichtete Person. Da sie allerdings nur ein gedankliches Konstrukt darstellt, muss sie durch natürliche Personen handeln. Daher ist Herr Traugott Helferlein als Geschäftsführer quasi ihr Mund, mit dessen Hilfe die g GmbH Willenserklärungen abgibt. Seine Unterschrift hat er also nicht als Privatperson, sondern als Geschäftsführer mit Wirkung ausschließlich für und gegen die g GmbH geleistet. Vertragspartner des Behandlungsvertrages sind Frau Melzer und die Barmherzige Samariter g GmbH.

Aufgabe 3:

Sowohl der eingetragene Verein als auch die g GmbH stellen juristische Personen des Privatrechts dar. Sie sind gedankliche Konstrukte, denen der Gesetzgeber sowohl eine eigene Rechts- als auch Geschäftsfähigkeit verliehen hat. Rechtsfähigkeit ist die Fähigkeit, Träger von Rechten und Pflichten zu sein. Geschäftsfähigkeit ist die Fähigkeit, Rechtsgeschäfte (allein) rechtswirksam vornehmen zu können. Beide juristischen

---

[12] *In NRW sind diese beispielsweise derzeit in Düsseldorf, Hamm und Köln angesiedelt.*

[13] *Da das Testament rechtlich wirkungslos ist, tritt im vorliegenden Fall die gesetzliche Erbfolge in Kraft. Diese ist in den §§ 1924 ff. BGB geregelt.*

[14] *Um Erbe zu werden, muss man die Erbschaft nicht annehmen (der Rechtsverkehr hält es sozusagen nicht aus, wenn er nicht weiß, wem bestimmte Sachen gehören). Wenn man nicht Erbe werden will, muss man die Erbschaft daher ausschlagen.*

Personen erlangen ihre Rechts- und Geschäftsfähigkeit durch eine Registereintragung: der Verein durch seine Eintragung in das Vereinsregister, die g GmbH durch ihre Eintragung in das Handelsregister. Beide Register werden beim Amtsgericht geführt. Die Abkürzung „g GmbH“ steht für „gemeinnützige Gesellschaft mit beschränkter Haftung“. Das kleine „g“ zeigt an, dass diese juristische Person im Gegensatz zur „normalen“ GmbH (ohne kleines „g“) nicht allein profitorientiert ist, sondern noch andere Zwecke als nur die reine Gewinnmaximierung verfolgt[15]. Wie beim Verein auch ist die Haftung der g GmbH auf das eigene Vermögen beschränkt. Weder haften die Vereinsmitglieder für Verbindlichkeiten des Vereins noch die Gesellschafter der g GmbH für die Verbindlichkeiten der Gesellschaft mit ihrem jeweiligen eigenen (Privat-)Vermögen. Welche Rechtsform die bessere ist, bemisst sich nach den Umständen des Einzelfalles (insbesondere spielen steuerliche Aspekte eine Rolle).

Merksatz
Bei der g GmbH haftet nur das Gesellschafts-, nicht aber auch das Gesellschaftervermögen.

10.3 Lösungen zur Rechtsstellung von Eltern und Kindern (zu Kapitel 2)

Aufgabe 1:

Die Zwillinge sind als 16jährige (erst) beschränkt geschäftsfähig (§ 106 BGB). Dass heißt, dass sie für die Wirksamkeit einer von ihnen abgegebenen Willenserklärung grundsätzlich die Zustimmung ihrer gesetzlichen Vertreter (beider Eltern gemeinsam gem. §§ 1626, 1629 BGB) benötigen. Es gibt aber zwei Ausnahmen von diesem Grundsatz; gemäß § 107 BGB ist diese Zustimmung für den Fall entbehrlich, dass das Rechtsgeschäft für den Minderjährigen lediglich einen rechtlichen Vorteil bringt oder es liegt ein Fall des § 110 BGB (so genanntes Taschengeldgeschäft) vor. Hier hat Heather die ihr obliegende Leistung (Kaufpreiszahlung in Höhe von 100,00 Euro) durch die Barzahlung gegenüber dem Designer bewirkt. Aufgrund dessen gilt der Kaufvertrag als von Anfang an wirksam[16]. Die Eltern können gegen diesen Vertrag also nichts mehr unternehmen.

Anders sieht das allerdings im Hinblick auf den von Erica mit dem Designer geschlossenen Kaufvertrag aus. Hier sind erst 10,00 von geschuldeten 100,00 Euro gezahlt. Erica hat die ihr obliegende Leistung also erst zum Teil im Sinne des § 110 BGB „bewirkt“. Hier können die Eltern den Hebel der verweigerten Genehmigung ansetzen. Gemäß § 108 I BGB hängt die Wirksamkeit eines Vertrages, durch den der Minderjährigen nicht nur lediglich rechtlichen Vorteil erlangt, von der Genehmigung des gesetzlichen Vertreters ab; und das ist hier der Fall, denn Erica hat sich durch den Kaufvertrag die Pflicht zur Kaufpreiszahlung „aufgebürdet“, was für sie einen rechtlichen Nachteil darstellt. Gesetzliche Vertreter sind hier beide Elternteile gemeinsam. Durch ihre Verweigerung wird der ungewisse Zustand der schwebenden Unwirksamkeit des Vertrages beendet. Der Vertrag ist nunmehr als (endgültig) unwirksam zu betrachten. Daher können die Eltern diesen

---

[15] *Selbstverständlich muss auch die g GmbH anstreben, „schwarze Zahlen“ zu schreiben. Bei Vorliegen der entsprechenden Voraussetzungen (beispielsweise Unterbilanz) muss sie sonst wie eine „normale“ GmbH auch Insolvenz anmelden.*

[16] *Würde § 110 BGB hier nicht eingreifen, so hätte der Vertrag der Zustimmung der Eltern (Einwilligung vor Vertragsschluss oder der Genehmigung nach Vertragsschluss) bedurft, um rechtlich wirksam zu sein.*

Vertrag wie gewünscht „rückgängig“ machen. Dies tun sie, indem sie dem Designer das Kleidungsstück zurückgeben und von diesem im Gegenzug 10,00 Euro gemäß § 812 I 1 1. Alt. BGB (zurück) erhalten.

Aufgabe 2:

Wenn ein Kind in eine Ehe geboren wird, so gilt der Ehemann als der Vater des Kindes (§ 1592 Nr. 1 BGB – Vaterschaft aufgrund Verheiratung). Im vorliegenden Fall haben demnach Claudia und Franz gemeinsam die elterliche Sorge für Benjamin (§§ 1626, 1629 BGB). Diese elterliche Sorge umfasst die Personensorge für das Kind (Pflege, Bestimmung des Aufenthaltes etc.), die Vermögenssorge sowie die gesetzliche Vertretung des Kindes in beiden Bereichen (so können die Eltern das Baby etwa in einem Prozess vor Gericht vertreten).

Aufgabe 3:

Obwohl Herr Unruh der leibliche Vater des Kindes ist, hat nur die Mutter für dieses die elterliche Sorge (§ 1626a II BGB). Jedoch können Ute und Udo dies ändern, indem sie übereinstimmend elterliche Sorgerechtserklärungen abgeben (§ 1626a I BGB). Dann hätten beide die elterliche Sorge.

Merksatz
Bei einem nichtehelichen Kind steht die elterliche Sorge nach dem Gesetz allein der Mutter zu.

Aufgabe 4:

Mutter eines Kindes ist die Frau, die es geboren hat, im vorliegenden Fall also Frau Hinz (vgl. § 1591 BGB). Nicht nur genetischer, sondern auch rechtlicher Vater ist Herr Kunz, da er die Vaterschaft für Pamela anerkannt hat (§ 1592 Nr. 2 BGB). Jedoch geht mit der Vaterschaftsanerkennung nicht auch automatisch die elterliche Sorge beider Elternteile einher, da Pamela nicht in eine bereits bestehende Ehe hineingeboren wurde. Bei einem nichtehelichen Kind steht der Mutter allein die elterliche Sorge zu[17]. Die Heirat änderte nichts an der Elternschaft, jedoch bewirkte sie eine Veränderung im Hinblick auf die elterliche Sorge. Mit der Heirat entsteht nämlich gemäß § 1626a I Nr. 2 BGB die gemeinsame Sorge beider Eltern. Also haben Frau Hinz und Herr Kunz nunmehr die gemeinsame elterliche Sorge für Pamela inne.

Aufgabe 5:

Die Entscheidung, welchen Kindergarten das Kind besuchen soll, ist Teil der elterlichen Sorge. Da hier beide Elternteile die elterliche Sorge innehaben, kann eine Bestimmung nur gemeinsam erfolgen. Die Eltern von Pamela können sich allerdings nicht einigen. In dieser Situation kann jeder von ihnen das Familiengericht (eine Unterabteilung des Amtsgerichtes) anrufen (§ 1628 S. 1 BGB). Das Gericht wird sodann einem von beiden in dieser Angelegenheit das Recht zur alleinigen Entscheidung übertragen[18].

---

[17] *Im Sachverhalt steht nichts dazu, dass Frau Hinz und Herr Kunz gemeinsame Sorgerechtserklärungen abgegeben hätten. Diese Annahme dürfen Sie nicht einfach so hinzufügen (vgl. Sie die oben gegebenen Hinweise zur Fallbeispielanalyse).*

[18] *Das Gericht selbst trifft also nicht die Entscheidung, welchen Kindergarten Pamela besuchen soll.*

Aufgabe 6:

Nein, das Ehepaar Fromm hat nicht Recht. Nach § 5 S. 1 des Gesetzes über die religiöse Kindererziehung wird der Minderjährige mit Vollendung seines 14. Lebensjahr religionsmündig. Nunmehr steht ihm allein die Entscheidung darüber zu, ob er sich weiterhin zu seinem bis dato von den Eltern bestimmten religiösen Bekenntnis bekennen will oder eben nicht. Er kann auch einem anderen religiösen Bekenntnis den Vorzug geben. Freya konnte daher auch ohne die Zustimmung ihrer Eltern allein rechtswirksam aus der Kirche austreten.

Aufgabe 7:

Das Patenamt ist ein Ehrenamt innerhalb der christlichen Konfessionen. Es bedeutet nicht, dass der Pate automatisch Vormund im Rechtssinne wird, wenn die Eltern des Täuflings sterben sollten. Wer Vormund wird, entscheidet allein das (weltliche) Familiengericht, eine Unterabteilung des Amtsgerichts. Das Gericht wird bei seiner Entscheidung allerdings Bindungen des Mündels, etwa auch an seine Patin, berücksichtigen.

Aufgabe 8:

Da keiner von beiden Elternteilen im Scheidungsverfahren einen Antrag auf die alleinige Sorge für Gottfried gestellt hat, besteht die gemeinsame elterliche Sorge auch nach der Scheidung fort (§ 1671 I BGB). Bei dem Wechsel auf ein Internat handelt es sich um eine Angelegenheit von erheblicher Bedeutung für das Kind, sodass eine einvernehmliche Entscheidung beider Eltern erforderlich ist (§ 1687 I S. 1 BGB). Marion muss daher die Zustimmung von Valentin einholen, bevor sie Gottfried anmelden kann. Verweigert Valentin angesichts der Kosten seine Zustimmung, so kann Marion beim Familiengericht den Antrag stellen, die Entscheidung der Frage des Internatsbesuches auf sie allein zu übertragen (§ 1628 BGB). Gibt das Gericht ihrem Antrag statt, so kann sie Gottfried allein anmelden.

Aufgabe 9:

Zwar hat das Familiengericht (Unterabteilung des Amtsgerichtes) seinerzeit der Mutter von Bastian die alleinige elterliche Sorge zugesprochen. Diese endet indes mit dem Eintritt der Volljährigkeit des Kindes (an seinem 18. Geburtstag) automatisch. Herr Förster ist bereits volljährig, daher ist seine Mutter hier nicht (mehr) seine gesetzliche Vertreterin. Die Tatsache, dass Herr Förster (geistig) behindert ist, ändert daran nichts. Das Amt hat somit den Antrag von Bastians Mutter zu Recht abgelehnt, da sie ihren Sohn im Rechtsverkehr nicht (mehr) rechtswirksam vertreten konnte. Demnach muss Bastian den Antrag selbst stellen. Wenn er dies nicht kann, muss für ihn vonseiten des Betreuungsgerichtes (Unterabteilung des Amtsgerichtes) ein Betreuer nach Maßgabe der §§ 1896 ff. BGB bestellt werden. Das Gericht kann dabei durchaus auch die Mutter zur Betreuerin bestellen (dies erscheint sogar wahrscheinlich, da die Betreuung an für sich ein Ehrenamt ist und das Gericht bei seiner Entscheidung familiäre Bindungen zu berücksichtigen hat). Die Mutter von Herrn Förster könnte sich das im Fall von Herrn Förster zuständige Amtsgericht wenden und die Einleitung eines Betreuungsverfahrens anregen. Grundsätzlich ist das Amtsgericht örtlich zuständig, in dessen Bezirk die Person, um die es geht, wohnt. Frau Förster müsste sich demnach an das zuständige Amtsgericht (Unterabteilung Betreuungsgericht) wenden.

Aufgabe 10:

Dieter Dunkel ist mit seinen 17 Jahren noch nicht volljährig, sondern nur beschränkt geschäftsfähig (§ 106 BGB). Er kann daher eine wirksame Sorgerechtserklärung nicht alleine rechtswirksam abgeben, sondern zur ihrer Wirksamkeit bedarf er der Zustimmung seines gesetzlichen Vertreters hierzu (§ 1626c II 1 BGB). Wird diese Zustimmung verweigert, kann sich Dieter Dunkel an das Familiengericht (eine Unterabteilung des Amtsgerichtes) wenden. Dieses ersetzt die Zustimmung des gesetzlichen Vertreters von Dieter Dunkel, wenn die Sorgerechtserklärung dem Wohl des Minderjährigen nicht widerspricht (§ 1626c II 3 BGB).

Stimmt der gesetzliche Vertreter von Dieter Dunkel zu oder ersetzt das Familiengericht seine Zustimmung, so tritt zwar grundsätzlich die gemeinsame elterliche Sorge beider Elternteile von Severin ein. Jedoch ruht bis zur Volljährigkeit die elterliche Sorge von Dieter Dunkel, was den Bereich der Vermögenssorge sowie die gesetzliche Vertretung von Severin in diesem Bereich und auch im Bereich der Personensorge angeht. Bis zu seinem 18. Geburtstag teilt sich Dieter Dunkel daher mit Helena Hoffmann nur die Personensorge für Severin. Mit Erreichen der Volljährigkeit nimmt Dieter Dunkel alle Bereiche der elterlichen Sorge für Severin gemeinsam mit der Kindesmutter wahr.

Aufgabe 11:

Wenn einem Elternteil, dem das alleinige Sorgerecht zusteht, stirbt, so geht das (alleinige) Sorgerecht zwar nicht automatisch auf den „übrig gebliebenen" Elternteil über. Das Gericht hat das Sorgerecht aber auf den überlebenden Elternteil zu übertragen, wenn dies dem Wohl des Kindes nicht widerspricht (§ 1680 II 1 BGB). Das Gericht wird bei seiner Entscheidung die Erklärung der Bertha zur Kenntnis nehmen, sie ist aber nicht rechtlich bindend. Das Gericht muss vielmehr eine eigene Entscheidung darüber treffen, ob es Herrn Luftikus das Sorgerecht zusprechen kann. Dies wird es dann tun, wenn dem nach Ansicht des Gerichts keine schwerwiegenden Gründe entgegenstehen.

Aufgabe 12:

Carolin ist mit ihren 14 Jahren beschränkt geschäftsfähig (§ 106 BGB). Um die minderjährige Person zu schützen, bedürfen die von ihr getätigten Rechtsgeschäfte im Allgemeinen immer noch der Zustimmung ihrer Eltern, um rechtlich wirksam zu sein. Im vorliegenden Fall schließt Carolin mit ihrem Onkel einen Schenkungsvertrag gemäß § 516 I BGB ab. Wie bei jedem Vertrag sind auch für den Abschluss eines Schenkungsvertrages zwei übereinstimmende Willenserklärungen nötig. Der Onkel ist volljährig und nicht geschäftsunfähig. Seine Willenserklärung ist demnach ohne Probleme als wirksam einzustufen. Carolins Willenserklärung, die auf den Abschluss des Schenkungsvertrages gerichtet ist, ist jedoch (ausnahmsweise) ebenfalls ohne Zustimmung wirksam abgegeben. Denn der Schenkungsvertrag bringt ihr einen lediglich rechtlichen Vorteil (§ 107 BGB). Aus diesem Vertrag wird sie selbst nämlich rechtlich zu nichts verpflichtet. Die Eltern haben also keine rechtliche Handhabe.

Aufgabe 13:

Die Eltern hätten hier rechtliche Handhabe, wenn zwischen Carolin und dem Schuhmachermeister kein wirksamer Kaufvertrag zustande gekommen wäre [denn dann könnten sie als gesetzliche Vertreter (vgl. §§ 1626, 1629 BGB) für Carolin deren Anspruch aus § 812 I S. 1 1. Alt. BGB gegenüber dem Schuhmachermeister geltend machen].

Voraussetzung für einen wirksamen Kaufvertrag sind zwei übereinstimmende Willenserklärungen. Die Wirksamkeit der Willenserklärung von Herrn Knoop begegnet keinen Bedenken, da davon auszugehen ist, dass er als Meister bereits volljährig und somit voll geschäftsfähig ist. Carolin ist zwar „erst" beschränkt geschäftsfähig, jedoch könnte ihre Willenserklärung nach § 110 BGB wirksam sein. Zwar ist die ihr obliegende vertragsmäßige Leistung (Zahlung von 300,00 Euro) bereits im Sinne dieser Vorschrift „bewirkt", jedoch handelt es sich nicht um „gebundene" („zu diesem Zweck") oder „freie" Mittel. Denn die Eltern haben einer Überlassung der 300,00 Euro seitens des Onkels an Carolin, damit diese sich ihrerseits „etwas Schönes" kaufe, nach den Angaben des Sachverhaltes in Fall 12 nicht zugestimmt. Daher bedarf Carolins Willenserklärung der Zustimmung ihrer Eltern, um rechtliche Wirksamkeit zu entfalten. Diese Zustimmung (in Form der nach Vertragsschluss liegenden Genehmigung) wird Carolin aber nach den Sachverhaltsangaben in Fall 13 verweigert. Daher liegt nur eine wirksame Willenserklärung (nämlich die des Schuhmachermeisters) bezogen auf den Abschluss eines Kaufvertrages vor. Da ein Kaufvertrag mangels einer wirksamen Willenserklärung vonseiten Carolins nicht zustande gekommen ist, können die Stiefel an den Schuhmachermeister zurückgegeben und im Gegenzug 300,00 Euro gefordert werden. Carolins Eltern haben demnach vorliegend rechtliche Handhabe.

Aufgabe 14:

Nach § 1626a II BGB steht allein Luise Lustig die elterliche Sorge für Herrmann zu. Das Bundesverfassungsgericht hat entschieden, dass die Regelungskonzeption des § 1626a BGB „derzeit verfassungsrechtlich" nicht zu beanstanden sei[19]. Herr Bock kann Frau Lustig rechtlich daher nicht zwingen, gemeinsam mit ihm eine Sorgerechtserklärung nach § 1626a I BGB abzugeben. Ein Sorgerechtsentzug und eine Übertragung des (alleinigen) Sorgerechtes auf Herrn Bock seitens des Familiengerichtes käme wohl nur dann in Betracht, wenn das alleinige Sorgerecht der nichtehelichen Mutter eine Kindeswohlgefährdung mit sich bringen würde[20]. Laut Sachverhaltsangaben ist dies vorliegend nicht der Fall.

Aufgabe 15:

Vorliegend handelt es sich um eine Konstellation, die § 1782 I 1 BGB regelt. Daher wird das Gericht Lothar Luft nicht zum Vormund ernennen.

Aufgabe 16:

Das Gericht wird ein Betreuungsverfahren einleiten. In diesem wird es prüfen, ob die Voraussetzungen einer rechtlichen Betreuung nach § 1896 BGB vorliegen. Da Hilfe durch die Nachbarn nicht gesichert ist, wird das Gericht die Erforderlichkeit einer Betreuung im Sinne des § 1896 II S. 1 BGB wahrscheinlich annehmen. Frau Nachtigall dürfte betreuungsbedürftig sein. Denn sie ist wohl infolge ihrer Demenzerkrankung nicht mehr fähig, ihre eigenen Angelegenheiten zu besorgen. Auch dürfte entsprechender Betreuungsbedarf bestehen. Zwar ist die Betreuung grundsätzlich nachrangig[21]. Die Nachbarn können die erforderlichen organisatorischen Aufgaben jedoch nicht auf Dauer „schultern". Eine andere Hilfe als die Bestellung eines Betreuers kommt daher nicht in Betracht.

---

[19] *BVerfG, FamRZ 2003, 285*

[20] *vgl. §§ 1680 III, 1697a BGB*

[21] *Man nennt dies auch den Grundsatz der Subsidiarität der Betreuung.*

Das Gericht wird somit höchstwahrscheinlich[22] für Frau Nachtigall einen Betreuer bestellen[23]. Bei Geschäftsunfähigkeit Frau Nachtigalls infolge der Demenzerkrankung ist sie als Vormund von Benjamin zu entlassen[24].

Aufgabe 17:

Die elterliche Sorge steht Herrn und Frau Schlageter gemäß § 1626 I S. 1 BGB gemeinsam zu. Falls Herr Schlageter noch lebt, so ist er doch tatsächlich verhindert, die elterliche Sorge auszuüben. Gemäß § 1678 I S.1 BGB übt daher Frau Schlageter die elterliche Sorge für Theodora allein aus, so lange das Hindernis andauert.

Sie könnte beim Familiengericht die Feststellung beantragen, dass ihr Ehemann die elterliche Sorge auf längere Zeit nicht ausüben kann. In diesem Fall ruht die elterliche Sorge gemäß den §§ 1674 I, 1675 BGB. Auch hierauf gestützt könnte Frau Schlageter daher die elterliche Sorge für Theodora allein ausüben, bis das Familiengericht gemäß § 1674 II BGB feststellt, dass der Grund des Ruhens nicht mehr besteht (weil Herr Schlageter wieder aufgetaucht ist). Frau Schlageter könnte ihren Ehemann auch für tot erklären lassen. In diesem Fall steht ihr ab dem vonseiten des Gerichtes angenommenen Todeszeitpunkt die elterliche Sorge für Theodora allein zu[25].

Aufgabe 18:

Frage 1: Mutter eines Kindes im Rechtssinne, ist die Frau, die es geboren hat (§ 1591 BGB). Dies unabhängig davon, ob die Gebärende auch die genetische Mutter dieses Kindes ist. Rechtlich ist also Frau Annegret Arm die Mutter des Neugeborenen. Sie hat daher auch die elterliche Sorge für Kunigunde inne[26].

Frage 2: Da die Leihmutterschaft in der BRD zivilrechtlich als sittenwidriges Rechtsgeschäft im Sinne des § 138 BGB eingestuft wird, gibt es keine rechtliche Handhabe, Frau Arm zur Herausgabe des Kindes zu zwingen.

Aufgabe 19:

Nein, dies geht nicht so ohne Weiteres. Da weder Mathilde noch Veit im Scheidungsverfahren einen Antrag auf die alleinige Sorge für Kevin-Marvin gestellt hat, besteht die gemeinsame elterliche Sorge auch nach der Scheidung fort (§ 1671 I BGB). Die Frage der religiösen Erziehung stellt eine Angelegenheit von erheblicher Bedeutung für das Kind dar. Daher ist eine einvernehmliche Entscheidung beider Elternteile erforderlich (§ 1687 I S. 1 BGB). Mathilde muss daher die Zustimmung von Veit einholen, bevor sie einen Wechsel in der religiösen Erziehung des gemeinsamen Kindes vornimmt.

Aufgabe 20:

Durch den Beschluss des Gerichtes[27] (sog. Dekretadoption) ist das rechtliche Band zwischen Bella und ihrer leiblichen Mutter Lieselotte zerschnitten worden. Daher hat Lieselotte

[22] *Es sei denn, es gelänge zu der Auffassung, dass Frau Nachtigall trotz ihrer Erkrankung sehr wohl noch in der Lage ist, ihre eigenen Angelegenheiten zu besorgen.*

[23] *Näheres hierzu in Kapitel 10.5 „Lösungen zum Heim- und Betreuungsrecht" in diesem Buch*

[24] *vgl. §§ 1780,1886 BGB*

[25] *vgl. §§ 1677, 1680, 1681 BGB*

[26] *vgl. § 1626a II BGB*

[27] *vgl. § 1752 BGB*

auch keine Unterhaltsansprüche gegen Bella (mehr). Rechtlich gilt Bella nunmehr als gemeinsames Kind der Eheleute Hahn[28]. Nur diesen gegenüber ist sie unterhaltsberechtigt und eventuell unterhaltsverpflichtet. Die Argumentation des zuständigen Sozialhilfeträgers geht daher fehl.

Aufgabe 21:

Ja, der Arzt hat Recht. Nachdem Margarete volljährig geworden ist, darf er grundsätzlich mit keiner anderen Person über ihren Gesundheitszustand sprechen[29]. Eine Ausnahme bestünde nur im Hinblick auf einen vom Betreuungsgericht bestellten Betreuer mit dem Aufgabenkreis der „Gesundheitsfürsorge". Die Anregung eines Betreuungsverfahrens ist seitens der Eltern gemäß den Sachverhaltsangaben im vorliegenden Fall indessen unterblieben.

Damit die Eltern wieder Auskunft über den Gesundheitszustand von Margarete erhalten können, müssten sie daher ein Betreuungsverfahren beim Betreuungsgericht anregen und selbst anbieten, die rechtlichen Betreuer ihrer nunmehr volljährigen Tochter zu werden.

Aufgabe 22:

Vieles spricht dafür, dass Herr Klein der leibliche Vater von Hans ist. Doch war Herr Klein zum Zeitpunkt der Geburt von Hans nicht mehr mit dessen Mutter verheiratet, sodass die Vaterschaft kraft Verheiratung gemäß § 1592 Nr.1 BGB nicht greifen kann. Um rechtlicher Vater von Hans werden zu können, muss daher Herr Klein seine Vaterschaft gemäß § 1592 Nr. 2 BGB mit Zustimmung der Mutter gemäß § 1595 I BGB anerkennen oder es muss die Vaterschaft von Herrn Klein gerichtlich gemäß § 1592 Nr. 3 BGB festgestellt werden. Hier sind sich die leiblichen Eltern einig, sodass eine gerichtliche Vaterschaftsfeststellung nicht nötig sein wird.

Abwandlung:

Aufgrund der mit Zustimmung der Kindesmutter vorgenommenen Vaterschaftsanerkennung von Herrn Groß gilt dieser gemäß § 1592 Nr. 2 BGB rechtlich als Vater von Hans. Herr Klein kann gegen die Vaterschaft von Herrn Groß rechtlich nicht mit Erfolg vorgehen. Zwar könnte er eine eidesstattliche Versicherung gemäß § 1600 Nr. 2 BGB abgeben, und so versuchen, die (rechtliche) Vaterschaft für Hans anzufechten. Jedoch wird ihm das nicht gelingen, da zwischen Hans und seinem rechtlichen Vater eine sozial-familiäre Beziehung besteht (§ 1600 II BGB).

10.4 Lösungen zum SGB IX (zu Kapitel 3)

Aufgabe 1:

Frau Weise müsste beim LVR einen Antrag auf ein Persönliches Budget nach § 17 SGB IX stellen. Gemäß § 159 V SGB IX hat jeder Mensch mit Behinderung seit dem 01.01.2008 hierauf einen Rechtsanspruch. Statt der Sachleistung der Fachleistungsstunden würde Frau Weise in Zukunft Geld ausgezahlt. Dieses müsste sie selbst verwalten. Sie könnte daher mit Hertha Heim einen (Dienst-)Vertrag über die gewünschten Leistungen schließen und sich

---

[28] *vgl. § 1754 I BGB*

[29] *Dies ist in § 203 StGB sogar strafbewährt.*

so den gewünschten Dispositionsspielraum erschließen. Das Persönliche Budget stellt somit einen alternativen Weg dar, wie Frau Weises Bedarf an hauswirtschaftlicher Versorgung gedeckt werden kann. Die Leistungen, die Frau Weise mithilfe ihres Persönlichen Budgets „kaufen" will, sind auch budgetfähig, da sie sich auf alltägliche, regelmäßig wiederkehrende regiefähige Bedarfe beziehen[30].

Aufgabe 2:

Frage 1: Behindert im Sinne des SGB IX sind Menschen dann, wenn ihre körperliche Funktion, ihre geistige Fähigkeit oder ihre seelische Gesundheit mit hoher Wahrscheinlichkeit für mehr als sechs Monate von dem für das Lebensalter typischen Zustand abweichen und daher ihre Teilhabe am Leben in der Gesellschaft beeinträchtigt ist (§ 2 I SGB IX). Anton Alt wird daher nicht als behindert einzustufen sein, denn die bei ihm auftretenden Beeinträchtigungen sind übliche Folgen seines fortgeschrittenen Alters. Berücksichtigt man den typischen Gesundheitszustand 80-jähriger Menschen, so geht es ihm sogar überdurchschnittlich gut. Allein der altersmäßige körperliche Abbau alter Menschen führt also noch nicht dazu, sie als „Mensch mit Behinderung" im Rechtssinne einzustufen. Sogar wenn sie in gewissem Umfang Leistungen der Pflegeversicherung in Anspruch nehmen, muss man bei Hochbetagten eine Behinderteneigenschaft verneinen. Dieses Abstellen des Gesetzes auf den „altersüblichen" Zustand führt daher dazu, dass zahlreichen alten Menschen diejenigen Ansprüche, die nach dem Gesetz nur ein „Mensch mit Behinderung" geltend machen kann, gerade nicht zustehen.

Frage 2: Da Herr Alt schon nicht „einfach" behindert ist, hat er keine Chancen, eine Anerkennung als Mensch mit Schwerbehinderung zu erreichen. Erste Voraussetzung wäre hierfür nach § 2 II SGB-IX ein Grad der Behinderung von mindestens 50 Prozent. Bereits daran würde ein entsprechender Antrag des Herrn Alt scheitern.

Aufgabe 3:

Frage 1: Die Antwort auf diese Frage findet sich in § 71 SGB IX. Hiernach muss Fridolin Pfiffig als privater Arbeitgeber dann 5 Prozent der Arbeitsplätze mit Menschen mit Schwerbehinderung besetzen (oder eine Ausgleichsabgabe nach § 77 SGB IX zahlen), wenn sich jahresdurchschnittlich eine Anzahl von 20 Arbeitsplätzen pro Monat ergibt. Hier beträgt die jahresdurchschnittliche Berechnung: 48 + 36 + 69 + 75 = 228 Monatsarbeitsplätze. Dies ergibt bei einer im Kalenderjahr für 12 Monate ausgeübten Betriebstätigkeit im Jahresdurchschnitt 19 Arbeitsplätze im Monat. Damit bestand für Fridolin keine Beschäftigungspflicht.

Frage 2: Ja, denn hier hat Fridolin Pfiffig die in § 71 SGB IX aufgestellte Anzahl von mindestens 20 Arbeitsplätzen im Jahresdurchschnitt überschritten. Er müsste demnach zwei Arbeitnehmer mit Schwerbehinderung beschäftigen. Kommt er dieser Pflicht nicht nach, so muss er nach Maßgabe des § 77 SGB IX Ausgleichsabgabe zahlen. Fridolin muss die Höhe dieser Ausgleichsabgabe selbst berechnen. Einmal im Jahr[31] muss der Unternehmer gegenüber der Agentur für Arbeit die Daten zur Zahl der Arbeitsplätze und der von ihm beschäftigten Menschen mit Schwerbehinderung vorlegen. Gleichzeitig mit der Vorlage muss der Arbeitgeber die von ihm ausgerechnete Summe der Ausgleichsabgabe an das Integrationsamt abführen.

---

[30] *Castendiek/Hoffmann, Rn. 39*

[31] *genauer: jeweils bis zum 31.03. des Folgejahres*

Berechnung der Ausgleichsabgabe für die Unternehmung des Fridolin Pfiffig[32]:

Arbeitsplätze monatlich (Januar- Dezember)	40
Jahressumme der Arbeitsplätze pro Monat (12 · 40)	480
Zahl der mit Menschen mit Schwerbehinderung monatlich zu besetzenden Arbeitsplätze (Pflichtarbeitsplätze pro Monat (5 Prozent von 40)	2
Jahressumme der Pflichtarbeitsplätze pro Monat (2 · 12)	24
Zahl der beschäftigten Menschen mit Schwerbehinderung monatlich (Januar – Dezember)	0
Jahressumme mit Menschen mit Schwerbehinderung besetzten Arbeitsplätze pro Monat (2 · 0)	0
Jahressumme der nicht besetzten Arbeitsplätze pro Monat (24 – 0)	24
tatsächliche Beschäftigungsquote (0 : 480 · 100)	0
Zahlbetrag pro unbesetztem Pflichtarbeitsplatz pro Monat bei 0 Prozent Quote	180,00 Euro
Jahressumme Ausgleichsabgabe (24 · 180,00 Euro)	4320,00 Euro

Frage 3: Schwerbehindert im Sinne des SGB IX 2. Teil sind Menschen dann, wenn bei ihnen ein Grad der Behinderung von wenigstens 50 Prozent vorliegt (vgl. § 2 II SGB IX[33]). Ob dies der Fall ist, wird in einem gesonderten Feststellungsverfahren nach § 69 SGB IX überprüft. Das Verfahren wird nicht von Amts wegen durchgeführt. Erforderlich ist also immer ein Antrag des Menschen mit Behinderung, der das Verfahren „ins Rollen" bringt. Eine Feststellung von Amts wegen gibt es nicht. Da das Feststellungsverfahren somit zur Disposition des Menschen mit Behinderung steht, kann jemand mit einer Mehrfachbehinderung das Verfahren auch auf die Feststellung einzelner Behinderungen beschränken[34].

Aufgabe 4:

Herr Gewinn könnte an die örtliche WfbM den Auftrag erteilen, die Dokumente einzuscannen. Damit wären seine Mitarbeiter von dieser Zeit und Arbeitskraft bindenden Routineaufgabe entlastet und könnten sich stattdessen unmittelbar gewinnbringenderen Tätigkeiten widmen. Zudem wäre es Herrn Gewinn möglich, 50 vom Hundert des Gesamtrechnungsbetrages, den ihm die Werkstatt in Rechnung stellt, auf die Ausgleichsabgabe anzurechnen (§ 140 SGB IX).

Aufgabe 5:

Frage 1: Die Abkürzung WfbM steht für „Werkstatt für behinderte Menschen" und findet sich seit 2001 im Gesetzestext des SGB IX. Von 1961-2001 wurde im Gesetz die Bezeichnung „Werkstatt für Behinderte" (abgekürzt WfB) verwendet. Ein weiterer älterer Begriff

---

[32] *Einschlägig ist im vorliegenden Fall § 77 II 2 Nr. 2 SGB IX, da im Fall des Herrn Pfiffig zwar 40, aber weniger als 60 Arbeitsplätze zu berücksichtigen sind.*

[33] *auch zu den weiteren Voraussetzungen*

[34] *BSG vom 26.02.1986, 9a RVs 4/83 – BSGE 60, 11*

ist der der „beschützende Werkstätte“. Einige Akteure aus dem Bereich der Behindertenhilfe setzen sich dafür ein, den Begriff in WfMmB (Werkstatt für Menschen mit Behinderungen) zu ändern. Diesem Ziel war bei der letzten Änderung des Gesetzes im Jahre 2008 (noch?) kein Erfolg beschieden.

Frage 2: Zunächst durchläuft Frau Müller das Eingangsverfahren. Dieses kann vier Wochen bis hin zu drei Monaten dauern, wobei eine dreimonatige Dauer der Regelfall ist (§ 40 SGB IX). Im Eingangsverfahren soll herausgefunden werden, ob die Werkstatt und der Rehabilitant zueinander „passen“. So wird geprüft, welche Arbeitsbereiche der Werkstatt Petra Müller besonders interessieren beziehungsweise ob die Werkstatt überhaupt die geeignete berufliche Einrichtung für sie ist. Eine Alternative könnte etwa die Unterstützte Beschäftigung gemäß § 38a SGB IX sein, wenn Frau Müller in der WfbM stetig unterfordert, in einer Berufsausbildung oder in berufsvorbereitenden Maßnahmen jedoch überfordert wäre und sie eine (einfache) Aufgabe auf dem ersten Arbeitsmarkt ausfüllen könnte, für die sie zuvor ein entsprechendes „Einzeltraining“ erhält. Sollte sich allerdings im Laufe des Eingangsverfahrens herausstellen, dass die WfbM der „genau richtige“ Ort für Frau Müller ist, dann wird sie für die nächsten zwei Jahre den Berufsbildungsbereich durchlaufen. Voraussetzung ist, dass Frau Müller werkstattfähig ist, d. h. dass sie gemeinschaftsfähig und nicht außerordentlich pflegebedürftig ist. Im noch im Eingangsverfahren zu erstellenden Eingliederungsplan[35] ist dabei festzuschreiben, was die Ziele der erforderlichen Leistungen zur Teilhabe für den Menschen mit Behinderung sind und welche Maßnahmen der Förderung (für Frau Müller) hierfür in Betracht kommen. Auf die Erstellung des Eingliederungsplanes hat Frau Müller einen Rechtsanspruch[36]. Wenn am Ende des Eingangsverfahrens die Feststellung steht, dass für Frau Müller die Werkstatt die geeignete Einrichtung zur Teilhabe des Menschen mit Behinderung am Arbeitsleben ist, so wird sie in den Berufsbildungsbereich „übernommen“. Der Eingliederungsplan wird durch einen auf den Berufsbildungsbereich gemünzten Förderplan quasi fortgeschrieben. Die Leistungen im Berufsbildungsbereich werden vom jeweils zuständigen Rehabilitationsträger in der Regel zunächst für ein Jahr bewilligt (sogenannter Grundkurs). Im zweiten Förderjahr (sogenannter Aufbaukurs) sollen dem Menschen mit Behinderung Fertigkeiten mit höherem Schwierigkeitsgrad als im Grundkurs vermittelt werden. Die Vermittlung der Fertigkeiten und auch sozialen Kompetenzen erfolgen als Einzelmaßnahmen und Lehrgänge, jedoch besteht kein Rechtsanspruch auf eine Einzelbetreuung[37].

Im Eingangsverfahren und im Berufsbildungsbereich ist zuständiger Kostenträger typischerweise die Agentur für Arbeit. Im Arbeitsbereich ist dies typischerweise der Sozialhilfeträger. Dieser gewährt dem Menschen mit Behinderung in einer WfbM Eingliederungshilfe für Menschen mit Behinderung nach den §§ 53 ff. SGB XII.

Frage 3: Die Aufnahmevoraussetzungen sind in den §§ 137 I, 136 II SGB IX festgelegt. Es muss sich bei dem Aspiranten um einen Menschen mit Behinderung im Sinne des § 2 I S. 1 SGB IX handeln, der wegen Art oder Schwere der Behinderung nicht, noch nicht oder nicht wieder auf dem allgemeinen Arbeitsmarkt beschäftigt werden kann. Weiterhin erforderlich ist ein Mindestmaß an wirtschaftliche verwertbarer Arbeitsleistung. Hierzu genügt auch ein Minimum an erbrachter Arbeitsleistung, wenn diese das Arbeitsergebnis der Werkstatt bereichert. Weiterhin ist erforderlich, dass von dem Menschen

[35] *vgl. § 3 I WVO*
[36] *LPK-SGB IX , § 40, Rn. 11*
[37] *LSG Baden-Württemberg, Beschluss vom 14.08.2002, L 13 AL 2380/02 ER-B*

mit Behinderung trotz einer der Behinderung angemessenen Betreuung keine erhebliche Selbst- oder Fremdgefährdung ausgeht. Weitere Voraussetzungen für eine Aufnahme ist, dass die Leistungen der Rehabilitationsträger gewährleistet sind[38]. Dies ist wichtig, weil sich die monatlichen Kosten eines Werkstattplatzes im Durchschnitt auf 900,00 bis 1000,00 Euro belaufen[39].

Die Übernahme des Menschen mit Behinderung in den Arbeitsbereich einer WfbM geschieht durch den Abschluss eines Werkstattvertrages zwischen dem Träger der Einrichtung und dem Menschen mit Behinderung. Da § 137 II SGB IX dem Menschen mit Behinderung einen Rechtsanspruch auf die Aufnahme und den Verbleib vermittelt, herrscht für den Träger der Werkstatt für den Abschluss des Werkstattvertrages Kontrahierungszwang[40] sowie im Anschluss eine Beschäftigungspflicht. Der Werkstattvertrag begründet zwischen dem Werkstattträger und dem Menschen mit Behinderung ein arbeitnehmerähnliches Rechtsverhältnis[41].

Merksatz
Ein Werkstattplatz ist ökonomisch nicht rentabel. Es ist daher seitens der Werkstatt zu prüfen, ob die Leistungen des Rehabilitationsträgers gewährleistet sind, bevor ein Werkstattvertrag mit dem Menschen mit Behinderung abgeschlossen wird (vgl. § 137 SGB IX). Die einzelnen (insgesamt: sieben[42]) Rehabilitationsträger werden abschließend in § 6 SGB IX aufgezählt.

Frage 4: Gemäß § 92 II S.1 Nr. 7 SGB XII ist dem (volljährigen) Menschen mit Behinderung eine Kostenbeteiligung nur insoweit zuzumuten, als durch den Besuch der Werkstatt Kosten des Lebensunterhaltes veranlasst sind. Hierzu zählen nicht etwa die Kosten, die durch eine Betreuung des Menschen mit Behinderung an seinem Arbeitsplatz durch fachkundiges Personal entstehen, sehr wohl jedoch Verpflegungskosten (hier: 3,00 Euro pro Mittagessen). Gemäß § 92 II S. 4 SGB XII ist dem Menschen mit Behinderung eine Kostenbeteiligung aber dann nicht zumutbar, wenn sein Einkommen insgesamt einen Betrag in Höhe des zweifachen Eckregelsatzes nicht übersteigt. Das Einkommen von Frau Müller erreicht diesen Betrag nicht auch nur annähernd (dieser beträgt zurzeit 702,00 Euro auf der Basis eines Eckregelsatzes von 359,00 Euro). Das von Frau Müller geerbte Geld ist rechtlich nicht als Einkommen, sondern als Vermögen zu bewerten und findet daher bei der Frage nach der Kostenbeteiligung des Menschen mit Behinderung keine Berücksichtigung. Frau Müller muss sich daher mit keinem Cent an den Kosten beteiligen, die durch ihren Besuch der WfbM anfallen.

Der Kostenträger für die Kosten eines Werkstattplatzes im Arbeitsbereich ist der Sozialhilfeträger. Dieser erbringt die entsprechenden Leistungen im Rahmen der Eingliederungshilfe für Menschen mit Behinderung[43].

Frage 5: Der Werkstattvertrag begründet ein arbeitnehmerähnliches Rechtsverhältnis zwischen dem Menschen mit Behinderung und dem Werkstattträger. Wenn auf dieses auch nicht alle Vorschriften des Arbeitsrechtes anwendbar sind, so strebt der Gesetzgeber

---

[38] Die Leistungsvoraussetzungen der Rehabilitationsträger sind in §§ 40, 41 SGB IX normiert. Es ergeht bei deren Vorliegen ein Bewilligungsbescheid gegenüber dem Menschen mit Behinderung.
[39] Angabe von Castendiek/Hoffmann, Rn. 539
[40] LPK-SGB IX, § 137, Rn. 6
[41] Es handelt sich somit nicht um einen Arbeitsvertrag (als Unterfall des Dienstvertrages nach den §§ 611 ff. BGB).
[42] wie Zwerge im Märchen
[43] vgl. §§ 53 ff. SGB XII

doch für die Menschen mit Behinderung eine ihren Möglichkeiten und besondere Bedürfnissen entsprechende Anwendung arbeitsrechtlicher Regeln an. Hierzu zählen auch die im Rahmen eines Unternehmens des allgemeinen Arbeitsmarktes einzuhaltenden Regeln wie die Einhaltung von Arbeitszeiten und Pausen, die Beachtung von Geboten der Sicherheit und die Befolgung von Verhaltensnormen[44]. Gegen diese Einhaltung der Arbeits- und Pausenzeiten hat Frau Müller mehrfach verstoßen und zudem noch angekündigt, dies in nächster Zukunft wieder zu. Würde es sich bei dem Werkstattvertrag um einen „normalen" Arbeitsvertrag handeln, könnte Frau Müller deshalb (verhaltensbedingt) ordentlich gekündigt werden[45]. Der Werkstattvertrag kann allerdings nur dann gekündigt werden, wenn die Aufnahmevoraussetzungen des § 137 II SGB IX nicht mehr vorliegen. Hier lassen die sonstigen Umstände (Nichterledigung der Arbeit infolge ständigen Weglaufens) ein Mindestmaß an wirtschaftlich verwertbarer Arbeitsleistung seitens Frau Müller im Arbeitsbereich dauerhaft nicht zu (vgl. § 137 II S. 2 a. E. SGB IX). Da somit eine der Aufnahmevoraussetzungen des § 136 II SGB IX nicht (mehr) vorliegt, kann das Werkstattverhältnis durch die Erklärung der Kündigung seitens der Werkstatt sein Ende finden[46].

Aufgabe 6:

Frage 1: Herr Genau könnte dem Betreuungsgericht, einer Unterabteilung des Amtsgerichtes, einen Hinweis dahingehend geben, dass eine Betreuerbestellung für Herrn Reimann angezeigt sein könnte. Wenn das Gericht einen Betreuer für diesen für den Bereich der Vermögenssorge bestellt hat, so könnte die g GmbH mit diesem als Vertreter von Herrn Reimann den Werkstattvertrag schließen. Allerdings ist zu bedenken, dass dieses Vorgehen einige Monate in Anspruch nehmen könnte.

Herr Genau könnte als gesetzlicher Vertreter der Werkstattträgerin[47] an Herrn Reimann wegen eines Werkstattvertrages herantreten. Ein Vertrag kommt durch zwei übereinstimmende Willenserklärungen zweier Rechtssubjekte zustande. Diese werden (üblicherweise) Angebot[48] und Annahme genannt. Die von der g GmbH durch ihr vertretungsberechtigtes Organ abgegebene Willenserklärung begegnet keinen rechtlichen Bedenken. Anders ist dies bei der Willenserklärung von Herrn Reimann, der gemäß § 104 Nr. 2 BGB geschäftsunfähig ist. Die Willenserklärungen eines Geschäftsunfähigen sind nichtig (§ 105 I BGB). Anderes ergibt sich im Hinblick auf einen Werkstattvertrag allerdings dann, wenn die in diesem vereinbarten Leistung und Gegenleistung in einem angemessenen Verhältnis zueinander stehen und diese bereits bewirkt sind. Hier fingiert § 138 V SGB IX zum Schutz des Menschen mit Behinderung, der sich keinen Rückforderungsansprüchen seitens des Werkstattträgers ausgesetzt sehen soll, für die Vergangenheit einen wirksamen Vertrag. Indessen steht dem Werkstattträger das Recht zu, das Rechtsverhältnis für die Zukunft gemäß §§ 138 VI, VII SGB IX durch (schriftliche) Lösungserklärung zu beenden. Hiergegen hätte Herr Reimann keine rechtliche Handhabe (man denke etwa an einen neuen Geschäftsführer, dem der Vorgang auffällt). Diese Rechtslage könnte Herr Genau dem Ehepaar Reimann vor Augen führen, zumal diese sich beim Betreuungsgericht ja

---

[44] *LPK-SB IX, § 138, Rn. 29, 30*

[45] *Eine vorherige Abmahnung wäre nicht erforderlich, da sie ihren Zweck (Verhaltensänderung) hier nicht erfüllen könnte. Denn Frau Müller hat ja bereits angekündigt hat, sich auch künftig nicht anders verhalten zu wollen.*

[46] *Andere Ansicht bei entsprechender Argumentation vertretbar.*

[47] *vgl. § 35 I S. 1 GmbHG*

[48] *Das Gesetz spricht in den §§ 145 ff. BGB allerdings nicht von einem Angebot, sondern von einem Antrag.*

auch als Betreuer für ihren Sohn „bewerben“ könnten. Die Wahrscheinlichkeit, dass sie auch tatsächlich vonseiten des Gerichtes zu Betreuern ihres Sohnes bestellt würden, ist hoch. Denn die Betreuung ist an sich ein Ehrenamt und das Gericht hat bei der Bestellung familiäre Bindungen des zu Betreuenden zu berücksichtigen (§ 1897 BGB).

Frage 2: Ein Rechtsanspruch des Menschen mit Behinderung auf Aufnahme besteht nach Maßgabe des § 137 I SGB IX nur gegen diejenige/n Werkstatt/Werkstätten, in deren Einzugsgebiet er seinen ständigen Wohnsitz hat. Zwar kann sich auch eine andere Werkstatt bereit erklären, den Menschen mit Behinderung aufzunehmen. An diese Entscheidung ist der zuständige Rehabilitationsträger aber nicht gebunden. Er entscheidet in derartigen Fällen vielmehr nach pflichtgemäßem Ermessen. Dabei hat der Rehabilitationsträger nach § 9 SGB IX den berechtigten Wünschen des Menschen mit Behinderung zu entsprechen. In der Begründung des Antrages sollte ausgeführt werden, warum Herr Reimann einen Arbeitsplatz bei der g GmbH vorzieht.

Gegen einen abschlägigen Bescheid seitens des Leistungsträgers sollte daher Widerspruch erhoben werden.

Aufgabe 7:

Die Willenserklärungen Geschäftsunfähiger sind nichtig, §§ 104 Nr. 2, 105 I BGB. Für Frau Schmidt hat bei Abschluss des Werkstattvertrages, der die Grundlage der rechtlichen Beziehung zwischen ihr und dem Träger der Werkstatt bilden sollte, auch kein Betreuer gehandelt, dessen Willenserklärung an die Stelle derjenigen der geschäftsunfähigen Vertretenen getreten wäre. Da ein Vertrag das Vorliegen zweier übereinstimmender Willenserklärungen erfordert, im vorliegenden Fall aber nur eine (nämlich die des Trägers) vorliegt, ist somit kein Werkstattvertrag zustande gekommen. Der Gesetzgeber hat aber die schützenswerte Lage des Menschen mit Behinderung in dieser Situation erkannt und daher die Vorschrift des § 138 V SGB IX geschaffen. Danach gilt der Werkstattvertrag als insofern wirksam, als Leistung und Gegenleistung bereits ausgetauscht worden sind, wenn sie in einem angemessenen Verhältnis zueinander stehen. Da der Werkstatt allerdings dieses monatliche „Wachsen“ des Vertrages und die damit einhergehende Rechtsunsicherheit nicht zugemutet werden kann, kann sie das Werkstattverhältnis bei Vorliegen der Voraussetzungen des § 138 VI SGB IX (unter Beachtung der Formvorschrift des § 138 VII SGB IX) als gelöst erklären. Da jedoch ein Rechtsanspruches des Menschen mit Behinderung auf Aufnahme und Verbleib in der WfbM gemäß § 137 Abs. 2 SGB IX besteht, kann die WfbM das Werkstattverhältnis Frau Schmidt gegenüber nur dann für gelöst erklären, wenn die Aufnahmevoraussetzungen der §§ 137 I, 136 II SGB IX nicht mehr bestehen.

Aufgabe 8:

Nach § 9 II S. 3 EStG kann Herr Storch wählen, ob er ohne den Nachweis tatsächlicher Aufwendungen die Entfernungspauschale (0,30 Euro pro Kilometer) oder die ihm tatsächlich entstehenden Aufwendungen[49] steuerlich geltend machen will. Zweckmäßigerweise sollte er dasjenige wählen, wo er am meisten Geld zurückerhält. Legt ein Mensch mit Behinderung wie es hier vorgesehen ist, den Weg zwischen seiner Wohnung und seiner regelmäßigen Arbeitsstätte mit verschiedenen Verkehrsmitteln zurück (hier Pkw und Bahn), so kann er sein Wahlrecht nur für beide zurückgelegte Teilstrecken einheitlich ausüben[50].

---

[49] *Aufwendungen sind freiwillig veranlasste Vermögenseinbußen.*
[50] *BFH, Beschluss vom 05.05.2009, IV R 77/06*

Es ergeben sich im Fall des Herrn Storch die folgenden Berechnungen:

Entfernungspauschale bei (einfachem) Ansetzen der kürzesten Straßenverbindung zwischen Wohnung und regelmäßiger Arbeitsstätte[51]

Teilstrecke Pkw
210 Arbeitstage · 20 km · 0,30 Euro = 1.260,00 Euro
von 50 Kilometer

Teilstrecke Bahn
210 Arbeitstage · 30 km · 0,30 Euro = 1.890,00 Euro
von 50 Kilometer

Entfernungspauschale insgesamt: 1.260,00 Euro + 1.890,00 Euro = 3.150,00 Euro

Ermittlung der tatsächlichen Kosten:

Teilstrecke Pkw
210 Arbeitstage · 20 km · 2 · 0,30 Euro = 2.520,00 Euro

Teilstrecke Bahn: tatsächliche Aufwendungen in Höhe von 2.600,00 Euro

Insgesamt anzusetzende tatsächliche Aufwendungen: 2.520,00 Euro + 2.600,00 Euro = 5.120,00 Euro

Da die Entfernungspauschale niedriger liegt als die tatsächlich entstehenden Kosten, ist Herrn Storch zu raten, lieber die tatsächlichen Kosten in seiner Steuererklärung geltend zu machen.

Aufgabe 9:

Frage 1: Frau Hanser müsste ihren Antrag auf Gleichstellung gemäß § 68 I S. 1 SGB IX bei der Bundesagentur für Arbeit stellen.

Frage 2: Wird dem Antrag auf Gleichstellung stattgegeben, so genießt Frau Hanser den vollen Schutz des Schwerbehindertenrechtes (insbesondere den besonderen Kündigungsschutz nach dem 2. Teil des SGB IX), mit Ausnahme der Regelungen über den Zusatzurlaub und der Regelungen über die unentgeltliche Beförderung im öffentlichen Personennahverkehr. So könnte es Frau Hanser schaffen, von der drohenden Kündigungswelle nicht miterfasst zu werden.

Aufgabe 10:

Nein, denn es wird bei der Feststellung des Grades der Behinderung nicht einfach „zusammengerechnet". Liegen wie bei Siegfried Siech mehrere Behinderungen vor, so sind die einzelnen GdB-Werte integrierend zu bewerten. Maßgeblich sind die Auswirkungen der einzelnen Behinderungen in ihrer Gesamtheit. In der Praxis werden Einzel-GdB-Werte von 10 regelmäßig bei der Bildung des Gesamt-GdB nicht berücksichtigt. Gängige Verwaltungspraxis ist es, bei der Bewertung des Gesamt-GdB die am schwersten beeinträchtigende Behinderung entsprechend der Bewertungstabelle der „Anhaltspunkte für die ärztliche Gutachtertätigkeit im sozialen Entschädigungsrecht und nach dem Schwerbehindertenrecht" anzusetzen und die dann folgende Behinderung nur noch mit ihrem halben Tabellenwert hinzusetzen[52].

---

[51] vgl. § 9 I S. 3 Nr. 4 S. 4 EStG

[52] Eine dritte Behinderung wird nur noch mit einem Drittel des Tabellenwertes hinzugesetzt und so weiter.

Unter Zugrundelegung dieser Praxis wird die Behörde bei Siegfried wahrscheinlich "nur" einen GdB von 40 Prozent feststellen.

Aufgabe 11:

Frage 1: Das Merkzeichen „G“ bedeutet, dass der Ausweisinhaber in seiner Bewegungsfähigkeit im Straßenverkehr erheblich beeinträchtigt ist.

Frage 2: In seiner Bewegungsfähigkeit im Straßenverkehr ist ein Mensch mit Schwerbehinderung erheblich beeinträchtigt, der infolge einer Einschränkung seines Gehvermögens, auch durch innere Leiden, nicht ohne erhebliche Schwierigkeiten oder nicht ohne Gefahren für sich oder andere Personen Wegstrecken im Ortsverkehr zurücklegen kann, die üblicherweise noch zu Fuß zurückgelegt werden[53].

Dabei kommt es nicht auf die konkreten örtlichen Verhältnisse (etwa Leben im Bergdorf oder in einer Ebene), sondern vielmehr darauf an, welche Wegstrecken allgemein, d. h. altersunabhängig von Menschen ohne Behinderung, noch zu Fuß zurückgelegt werden. Nach Ansicht der Rechtsprechung ist dies noch bei einer Strecke von zwei Kilometern der Fall. Eine rechtserhebliche Bewegungsbeeinträchtigung ist dann anzunehmen, wenn diese Strecke nicht mehr in einer Gehzeit von 30 Minuten zurückgelegt werden kann. Die Behörde hat demnach ermittelt, dass Herr Meier eine Strecke von zwei Kilometern nicht mehr in einer Gehzeit von 30 Minuten bewältigen kann.

Eine Behinderung der unteren Gliedmaßen reicht für die Annahme einer erheblichen Beeinträchtigung des Gehvermögens dann aus, wenn diese für sich allein genommen zu einem Grad der Behinderung von 40 Prozent führt[54].

Aber auch innere Leiden können zur erheblichen Beeinträchtigung des Gehvermögens führen. Dies ist beispielsweise bei Zuckerkranken der Fall, da diese Personen infolge ihrer Erkrankung unter häufigen Schocks leiden.

Frage 3: Die Gruppenleiterin wird Herrn Meier sinngemäß antworten, dass tatsächlich nur bestimmte Gruppen Menschen mit Schwerbehinderung für die Beförderung im öffentlichen Personennahverkehr gar nichts zahlen müssen, er mit dem Merkzeichen G aber nicht dazuzählt. Er wird daher für die Ausstellung der Wertmarke zu zahlen haben. Die Kosten liegen derzeit bei 60,00 Euro für ein Jahr und bei 30,00 Euro für ein halbes Jahr „Freifahrt“.

Aufgabe 12:

Ich würde den Eltern von Josefa raten, die gemeinsame örtliche Servicestelle der Rehabilitationsträger aufzusuchen. Die dort angebotene Beratung und Unterstützung umfasst auch die Klärung der Frage, welcher Rehabilitationsträger zuständig ist[55]. Außerdem wird dort darauf hingewirkt, dass der Antrag auch sachdienlich ist, sprich in einer Art und Weise abgefasst wird, die beim angegangenen Träger keinen Zweifel offenlassen kann, was Sie konkret für Josefa beantragen. Die Mitarbeiter der Servicestelle werden für Sie auch den Antrag an den zuständigen Rehabilitationsträger weiterleiten.

---

[53] *LPK-SGB IX, § 146, Rn. 5*

[54] *Damit in einem derartigen Fall ein Schwerbehindertenausweis mit dem Merkzeichen G ausgestellt werden kann, muss hierzu noch eine weitere Behinderung hinzutreten, sodass der gesamte Grad der Behinderung 50 Prozent oder mehr beträgt.*

[55] *§ 22 I S. 2 Nr. 3 SGB IX*

Aufgabe 13:

Gerrit wird sich an dem gesetzlich festgeschriebenen Grundsatz „Rehabilitation vor Rente“ orientieren. Dieser besagt, dass dort, wo eine Rehabilitation möglich ist, keine Rente gewährt werden darf. Gerrit hat also keinen Ermessensspielraum, ob Paul eine Rente gewährt werden soll. Er muss daher den Antrag ablehnen[56].

Aufgabe 14:

Frage 1: Das Merkzeichen „aG“ bedeutet „außergewöhnlich gehbehindert“. Dies sind solche Menschen, die sich wegen der Schwere ihres Leidens dauernd nur mit fremder Hilfe oder nur mit großer Anstrengung außerhalb ihres Kraftfahrzeuges bewegen können.

Frage 2: Herrn Wagner steht Grundsicherung im Alter und bei Erwerbsminderung nach Maßgabe der §§ 42 ff. SGB XII zu, da er das 18. Lebensjahr vollendet hat und er unabhängig von der jeweiligen Arbeitsmarktlage dauerhaft voll erwerbsgemindert ist. Herr Wagner ist voll erwerbsgemindert, denn nach den im Sachverhalt enthaltenen Angaben ist er wegen seiner Behinderung auf nicht absehbare Zeit außerstande, mindestens drei Stunden täglich unter den üblichen Bedingungen des allgemeinen Arbeitsmarktes[57] zu arbeiten. Die Grundsicherung wird nach dem Bedarf des einzelnen Hilfebedürftigen ermittelt. Aufgrund der geschilderten Situation wird die Grundsicherung im Fall des Herrn Wagner folgende Leistungen umfassen[58]: den für den Antragsteller maßgebenden sozialhilferechtlichen Regelsatz zur Abdeckung des notwendigen Lebensunterhalts. Der notwendige Lebensunterhalt umfasst die Kosten für Ernährung, Kleidung, Körperpflege, Hausrat und persönliche Bedürfnisse des täglichen Lebens. Da Herr Wagner noch zu Hause bei seinen Eltern wohnt, beträgt dieser nicht die volle Höhe des Eckregelsatzes[59], sondern lediglich 287,20 Euro (80 Prozent des Regelsatzes) plus 17 Prozent von 359,00 Euro[60] (also 61,03 Euro) aufgrund des Zusatzes „aG“. Herr Wagner erhält somit insgesamt pro Monat 348,23 Euro.

Weiterhin gehören die angemessenen tatsächlichen Aufwendungen für Unterkunft und Heizung zum Umfang der Leistungen der Grundsicherung. Da hier neben Herrn Wagner aber noch vier andere Personen in der Wohnung leben, werden diese Kosten nur anteilig übernommen. Die anteiligen Kosten von Herrn Wagner für den Strom können nicht extra geltend gemacht werden, da diese bereits im Regelsatz (von hier 287,20 Euro) enthalten sind. Weiterhin gehören zum Leistungsumfang auch Kranken- und Pflegeversicherungsbeiträge, wenn diese nicht anderweitig abgedeckt werden. Dies ist mangels entsprechender Angaben im Sachverhalt nicht der Fall.

Frage 3: Die Leistungen der Grundsicherung werden nur auf Antrag gewährt[61]. Der Antrag auf Grundsicherung ist beim Träger der Sozialhilfe zu stellen. Dieser beauftragt sodann den zuständigen Rentenversicherungsträger mit der Prüfung, ob der Antragsteller dauerhaft voll erwerbsgemindert ist. Würde Herr Wagner eine Tagesförderstätte einer WfbM besuchen, entfiele diese Überprüfung, da er infolge der vom Fachausschuss einer

---

[56] *vgl. § 8 II SGB IX*
[57] *Manchmal wird der allgemeine Arbeitsmarkt auch 1. Arbeitsmarkt genannt.*
[58] *vgl. § 42 SGB XII*
[59] *Dieser beträgt seit dem 01.07.2009 359,00 Euro pro Monat.*
[60] *§ 30 I SGB XII ist „erst recht“ beim Merkzeichen „aG“ einschlägig, nicht nur wie ausdrücklich normiert bei „G“.*
[61] *vgl. § 41 I SGB XII*

WfbM ausgesprochenen Werkstattempfehlung[62] als voll erwerbsgemindert gelten würde. Da dies nicht der Fall ist, ist hier die ausdrückliche Feststellung der vollen Erwerbsminderung erforderlich. Da Grundsicherungsleistungen nur bedürftige Menschen erhalten, werden in den Fragebögen neben Angaben zu persönlichen Verhältnisse, auch solche zum Unterhalt und zur Vermögens- und Einkommenssituation verlangt. Die Grundsicherung ist eine besondere Ausprägung der Sozialhilfe. Die Sozialhilfe ist nachrangig gegenüber anderen Sozialleistungen[63].

Merksatz
Es gilt: Wenn nichts mehr hilft, hilft die Sozialhilfe.

Wenn der Rentenversicherungsträger zu dem Ergebnis kommt, dass Herr Wagner voll erwerbsgemindert ist, so muss im Anschluss die Frage ermittelt werden, ob Herr Wagner bedürftig ist.

Fraglich erscheint, ob das Kindergeld sich als Einkommen von Herrn Wagner darstellt, welches von diesem eventuell zur Abwendung der Hilfebedürftigkeit einzusetzen ist. Diese Frage hat auch die Gerichte bis hoch zum Bundessozialgericht (mit Sitz in Kassel) beschäftigt. Das BSG hat in seinen Urteilen vom 08.02.2007, B 9b SO 5/06 R sowie B 9bSO 6/06 R klargestellt, dass das an die Eltern ausbezahlte Kindergeld nicht als Einkommen des Kindes zu werten ist. Da das Kindergeld an die Eltern ausgezahlt werde, sei es auch als ihr Einkommen zu werten. Anders könne dies dann sein, wenn die Eltern das Geld dem Kind durch einen Zuwendungsakt zukommen lassen, beispielsweise durch die Überweisung auf ein Konto des Kindes. Diese Konstellation ist nach den Angaben des Sachverhaltes im vorliegenden Fall nicht gegeben.

Jedoch könnte Herr Wagner dann nicht bedürftig sein, wenn er einen Unterhaltsanspruch gegen seine Eltern hat. Gemäß § 1601 BGB haben Verwandte in gerader Linie einander Unterhalt zu gewähren. Jedoch ist hier § 43 II SGB XII zu beachten. Demnach haben etwaige Unterhaltsansprüche von Herrn Wagner gegen seine Eltern unberücksichtigt zu bleiben, da sich ihr jährliches Gesamteinkommen unterhalb der 100.000,00-Euro-Grenze bewegt.

In der Regel wird Grundsicherung immer nur für jeweils ein Jahr bewilligt. Nach dem Ablauf dieses Jahres muss daher ein neuer Antrag auf Grundsicherungsleistungen gestellt werden.

Frage 4: Diese Besorgnis der Geschwister wäre nur dann begründet, wenn Herr Wagner seinerseits gegen sie Unterhaltsansprüche hätte. Gemäß § 1601 BGB sind jedoch nur Verwandte in gerader Linie dazu verpflichtet, einander Unterhalt zu gewähren. Geschwister sind aber miteinander nicht in gerade Linie, sondern in der Seitenlinie verwandt. Die Geschwister müssen demnach einen Regress der öffentlichen Hand nicht befürchten.

Aufgabe 15:

Der im Rahmen der Grundsicherung gewährte Regelsatz gilt auch pauschal Kosten für die Ernährung mit ab. Er ist daher abweichend festzulegen, wenn diese Kosten teilweise anderweitig gedeckt werden. Der Regelsatz der Grundsicherung verringert sich nach Ansicht des BSG dabei um den Betrag, der darin prozentual für das Mittagessen

---

[62] *vgl. hierzu § 45 SGB IX*
[63] *vgl. § 2 SGB XII: Grundsatz der Nachrangigkeit der Sozialhilfe (auch Subsidiarität der Sozialhilfe genannt)*

vorgesehen ist (Urteil vom 11.12.2007, B 8/9 b SO 21/06 R). Das Gericht hatte den Fall eines Haushaltsvorstandes (also eines Menschen mit Behinderung, der allein im eigenen Wohnraum wohnte) zu entscheiden. Der damalige Regelsatz betrug 345,00 Euro und das Gericht sprach sich für einen Abzug vom Regelsatz der Grundsicherung von 1,77 Euro pro in der WfbM von dem Menschen mit Behinderung tatsächlich eingenommenen Mittagessen aus. Der Abzug dürfte für einen Haushaltsvorstand bei einem derzeitigen Regelsatz von 359,00 Euro entsprechend etwas höher liegen.

Frau Meier lebt allerdings nicht allein und ist damit auch kein Haushaltsvorstand. Sie ist vielmehr Haushaltsangehörige des Haushaltes ihrer Eltern. Es spricht daher einiges dafür, dass sie nur einen Abzug in Höhe von zirka 1,50 Euro pro von ihr in der WfbM eingenommenen Mittagessen hinnehmen müsste.

Aufgabe 16:

Ich würde Frau Grimm antworten, dass die GmbH in dieser Situation 3.780,00 Euro an Ausgleichsabgabe zu zahlen hat.

Berechnung der Ausgleichsabgabe für die Unternehmung der Computerservice GmbH[64]:

Arbeitsplätze monatlich (Januar- Dezember)	300
Jahressumme der Arbeitsplätze pro Monat (12 · 300)	3.600
Zahl der mit Menschen mit Behinderung monatlich zu besetzenden Arbeitsplätze (Pflichtarbeitsplätze pro Monat (5 Prozent von 300)	15
Jahressumme der Pflichtarbeitsplätze pro Monat (15 · 12)	180
Zahl der beschäftigten Menschen mit Behinderung monatlich (Januar – Dezember)	12
Jahressumme mit Menschen mit Behinderung besetzten Arbeitsplätze pro Monat (12 · 12)	144
Jahressumme der nicht besetzten Arbeitsplätze pro Monat (180 – 144)	36
tatsächliche Beschäftigungsquote (144 : 3.600 · 100)	4
Zahlbetrag pro unbesetztem Pflichtarbeitsplatz pro Monat bei 0 Prozent Quote	105,00 Euro
Jahressumme Ausgleichsabgabe (36 · 105,00 Euro)	3.780,00 Euro

Aufgabe 17:

Es stellt sich die Frage, ob hier eine Ersatzbeschaffung für den bereits vorhandenen Elektrorollstuhl gewährt werden muss. Zwar besteht nach § 9 SGB IX ein Wunsch- und Wahlrecht des Leistungsberechtigten. Jedoch ist Frau Bichler hier keine Leistungsberechtigte (mehr). Denn Frau Bichler hätte nur dann einen Anspruch auf ein Elektromobil im Wege der Ersatzbeschaffung, wenn das alte Hilfsmittel „objektiv ungeeignet oder nicht

[64] *Da es sich bei der GmbH um eine größere Arbeitgeberin handelt, ist für die Berechnung der Ausgleichsabgabe § 77 II S.1 SGB IX einschlägig.*

ausreichend ist", so das BSG in seinem Urteil vom 03.11.1999[65]. Objektiv ungeeignet ist ein Hilfsmittel, wenn es nicht mehr funktionsfähig ist und auch nicht mehr repariert werden kann. Dies trifft auf den Elektrorollstuhl nicht zu, da dieser voll funktionsfähig ist. Objektiv ungeeignet ist ein Hilfsmittel aber auch dann, wenn Gründe, die in der Person des Versicherten liegen, ein neues Gerät erforderlich machen. Dies ist indessen nicht der Fall, wenn der Versicherte erst nach der Beantragung eines bestimmten Hilfsmittels feststellt, dass ein anderes Hilfsmittel für ihn besser oder geeigneter gewesen wäre. Daher wird Frau Bichler kein Elektromobil von der Krankenkasse bekommen. Nach Ansicht des BSG hat die Krankenkasse ihrer gesetzliche Leistungspflicht durch das Zur-Verfügung-Stellen des Elektrorollstuhles genügt.

Aufgabe 18:

Gemäß § 43 VI SGB VI gibt es die Möglichkeit für Menschen mit Behinderung, eine Rente wegen voller Erwerbsminderung in Anspruch zu nehmen. Die beiden Voraussetzungen hierfür sind, dass die Person ununterbrochen voll erwerbsgemindert ist und eine Wartezeit von 20 Jahren erfüllt. Die erste Voraussetzung erfüllt Frau Grau bereits, die zweite wird sie in absehbarer Zeit erfüllen. Die Rente wegen Erwerbsminderung wird jedoch nur auf Antrag gezahlt. Damit die Rente Frau Grau auch nach Erreichen der 20-jährigen Wartefrist direkt im Folgemonat gezahlt werden kann, sollte sie ihren Antrag spätestens innerhalb von drei Monaten vor Ablauf der Frist stellen. Tut sie dies nicht, so beginnt die Rente nämlich erst mit dem Antragsmonat.

Als Beschäftigte einer WfbM wurden Frau Grau für die Dauer ihrer Tätigkeit Rentenbeiträge eingezahlt[66]. Daher dürfte ihre Rente aller Wahrscheinlichkeit nach zwischen 600,00 und 700,00 Euro im Monat betragen.

Aufgabe 19:

Das Merkzeichen „**H**" bedeutet „hilflos". Hilflos ist, wer infolge seiner Behinderung nicht nur vorübergehend für eine Reihe von häufig und regelmäßig wiederkehrenden Verrichtungen zur Sicherung seiner persönlichen Existenz im Ablauf eines jeden Tages fremder Hilfe von erheblichem Umfang bedarf.

Häufige und regelmäßige Verrichtungen zur Sicherung der persönlichen Existenz sind beispielsweise An- und Auskleiden, Nahrungsaufnahme, Körperpflege, Verrichten der Notdurft. Daneben sind die notwendige körperliche Bewegung, geistige Anregung und Möglichkeiten der Kommunikation mit anderen Menschen zu berücksichtigen.

Die Feststellung der Pflegekasse über die Pflegestufe führt nicht automatisch zu einer Bejahung der gesundheitlichen Voraussetzungen für die Annahme von Hilflosigkeit. Jedoch wird das Merkzeichen bei Vorliegen der Pflegestufe III in der Regel ohne weitere behördliche Überprüfung erteilt.

Enthält der Ausweis das Merkzeichen **H**, so braucht der Mensch mit Schwerbehinderung für die Wertmarke nichts zu bezahlen.

---

[65] B 3 KR 15/00 R

[66] Grundlage für die Höhe war dabei nicht der tatsächliche Lohn der Frau Grau, sondern vielmehr ein fiktiver Lohn nach sozialversicherungsrechtlichen Vorschriften.

10.5 Lösungen zum Heim- und Betreuungsrecht (zu Kapitel 4)

Aufgabe 1:

Es sind dies ältere Menschen, Volljährige mit Behinderung sowie pflegebedürftige Volljährige, wobei die beiden letztgenannten noch kein fortgeschrittenes Alter erreicht haben. Anderenfalls wären sie zur Gruppe der älteren Menschen zu zählen.

Aufgabe 2:

Nein, dies ist nicht der Fall, da vorliegend § 3 I Wohn- und Teilhabegesetz NRW eingreift. Die Bereitstellung des Hausnotrufes ist als allgemeine Betreuungsleistung von nur geringem Umfang zu bewerten. Das hierfür zu leistende Entgelt erreicht nur 20 Prozent, nicht aber 25 Prozent der vereinbarten Nettokaltmiete. Auch wird die Höhe des Eckregelsatzes (derzeit 359,00 Euro/Monat) nach dem SGB XII nicht erreicht.

Aufgabe 3:

Zwar sind gemäß § 1897 III BGB Mitarbeiter einer Anstalt, eines Heimes oder einer sonstigen Einrichtung von der Übernahme des Betreuungsamtes ausgeschlossen. Jedoch erfüllt die selbstorganisierte Wohngemeinschaft mangels einer gesamtverantwortlichen Leitung nicht das Kriterium einer „sonstigen Einrichtung“ im Sinne dieser Vorschrift[67]. Du kannst daher vom Betreuungsgericht durchaus zur Betreuerin von Frau Dr. Münster bestellt werden, soweit einer Betreuung gemäß § 1896 II S. 1 BGB erforderlich ist.

Aufgabe 4:

Zwar ist mit der Anbringung des Personenortungschips noch keine Freiheitsentziehung im Sinne des § 1906 IV BGB verbunden. Jedoch tritt hier noch das Element des Zwangs hinzu, wenn sich die zu pflegende Person nicht allein aufgrund von Bitten oder durch Überreden zu einer Rückkehr bewegen lässt. Frau Besorgt muss daher vor dem Einzug ihrer Mutter in das Heim die Zustimmung des Betreuungsgerichtes zu dieser Freiheitsentziehung einholen[68].

Aufgabe 5:

Zwar gilt der Grundsatz, dass die Willenserklärung einer geschäftsunfähigen Person (hier gerichtet auf den Abschluss eines Kaufvertrages gemäß § 433 BGB) nichtig ist (§ 105 I BGB). Jedoch hat der Gesetzgeber mit § 105a BGB eine Ausnahmevorschrift für volljährige Geschäftsunfähige geschaffen. Demnach gilt ein Vertrag dann als wirksam, wenn es sich um ein Geschäft des täglichen Lebens handelt, Leistung und Gegenleistung bereits bewirkt sind und das Geschäft keine erhebliche Gefahr für die geschäftsunfähige Person oder ihr Vermögen mit sich bringt. Also ist der Kaufvertrag wirksam.

Sie sehen: Nicht nur im Behindertenrecht hat ein Paradigmenwechsel weg vom Fürsorgeprinzip hin zu einem möglichst selbstbestimmten Leben der (selbstverständlich nach wie vor in einigen Bereichen zu schützenden) Person stattgefunden. Als es das Rechtsinstitut der Betreuung nicht gab (vor 1992) wurde die geschäftsunfähige volljährige Person entmündigt – rechtlich gesehen wurde der Person ihr Mund weggenommen (sie bekam einen Vormund). Daher war ihr nicht einmal mehr der Kauf eines

[67] *LG Neuruppin, FamRZ 2009, 727*

[68] *LG Ulm, NJW-RR 2009, 225 in Übereinstimmung mit der herrschenden Rechtsprechung*

Brötchens rechtlich noch möglich. Dies ist nach geltendem Recht nunmehr für „alltägliche Geschäfte" anders.

Aufgabe 6:

Dies wäre bei Vorliegen einer entsprechenden Genehmigung seitens des Betreuungsgerichtes möglich. Zwar ist die Unterbringung in einem Pflegeheim an sich kein Fall der Freiheitsentziehung, jedoch stellt § 1906 IV BGB einer Freiheitsentziehung die Fälle gleich, in denen die Fortbewegungsfreiheit der betreuten Person durch Medikation, mechanische Vorrichtungen oder auf andere Weise über einen längeren Zeitraum entzogen werden soll. Da hier die Bettgitter für einen unabsehbaren Zeitraum hochgestellt werden sollen, sind diese Voraussetzungen im hier vorliegenden Fall der Frau Fink gegeben. Das Betreuungsgericht wurde hier jedoch nicht hinzugezogen. Mangels einer Genehmigung des Betreuungsgerichtes ist das Hochstellen der Bettgitter im vorliegenden Fall rechtlich unzulässig.

Aufgabe 7:

Frage 1: Ja, dies ist möglich, da für die Erbenstellung nur die Rechtsfähigkeit (nicht aber auch die Geschäftsfähigkeit) erforderlich ist. Rechtsfähig ist Herr Betzenbrink aber schon seit 50 Jahren, nämlich seit der Vollendung seiner Geburt (vgl. § 1 BGB). Die Vollendung der Geburt tritt mit dem vollständigen Austritt des Kindes aus dem Mutterleib ein[69].

Frage 2: Das Betreuungsgericht besteht seit dem 01.09.2009 als eine Unterabteilung des Amtsgerichtes.

Frage 3: Die „drei großen Aufgabenkreise" sind die Vermögenssorge, die Gesundheitsfürsorge sowie die Aufenthaltsbestimmung.

Aufgabe 8:

Nach § 1903 BGB steht Frau Theresa Trautmann nunmehr rechtlich einer Minderjährigen gleich. Dies bedeutet allerdings auch, dass sie für die rechtliche Wirksamkeit einer Willenserklärung, die ihr lediglich einen rechtlichen Vorteil bringt, nicht der Zustimmung ihrer Tochter als ihrer Betreuerin für den Bereich der Vermögenssorge bedarf. Hier gibt Frau Theresa Trautmann eine Willenserklärung ab, die auf den Abschluss eines Schenkungsvertrages im Sinne des § 516 BGB gerichtet ist. Durch diesen Vertrag verpflichtet sie sich ihrerseits zu nichts, lediglich Herr Troddel verpflichtet sich ihr gegenüber rechtlich zu etwas. Es liegen daher zwei übereinstimmende Willenserklärungen vor (nämlich die von Herrn Troddel sowie die von Frau Theresa Trautmann), somit ein wirksamer Schenkungsvertrag (vgl. § 1903 III S.1 BGB). Die Tochter hat im vorliegenden Fall demnach keine rechtliche Handhabe, den Schenkungsvertrag wieder rückgängig zu machen.

Aufgabe 9:

Klägerin in einem Zivilprozess auf Zahlung der Heimkosten wäre die Altenhilfe Bona g GmbH. Beklagte wäre Frau Theresa Trautmann. Die g GmbH würde vor Gericht nicht selbst auftreten können, da sie als juristische Person des Privatrechts ein gedankliches Konstrukt darstellt. Sie muss sich daher durch eine natürliche Person vertreten lassen.

---

[69] Die Lösung der Nabelschnur ist für die Vollendung der Geburt nicht erforderlich.

Dies ist bei der g GmbH ihr Geschäftsführer. Frau Trautmann würde als betreute Person durch ihre Tochter vor dem Gericht vertreten. Angesichts eines unter 5.000,01 Euro liegenden Streitwertes ist das Amtsgericht das erstinstanzlich zuständige Gericht (vgl. §§ 23, 71 GVG).

Aufgabe 10:

Frage 1: Das Nachlassgericht ist eine Unterabteilung des Amtsgerichtes. Seine wohl wichtigste Aufgabe besteht in der Erteilung von Erbscheinen. Zu seinen weiteren Aufgaben zählen außerdem die Verwahrung und Eröffnung von Testamenten und Erbverträgen sowie die Entgegennahme von Erbausschlagungserklärungen.

Frage 2: Die Einsetzung als Erbe in einem Testament ist eine einseitige, nicht empfangsbedürftige Willenserklärung. Frau Kindermann ist daher Erbin ihrer Großmutter geworden, eine Annahme der Erbschaft ist hierfür nicht erforderlich, da es sich bei der Erbeinsetzung ja nicht um eine zweiseitige Willenserklärung handelt. Der Erbe tritt in alle Rechte und Pflichten ein, die der Erblasser (hier: die Großmutter) im Zeitpunkt seines Todes innehatte (sogenannter Grundsatz der Universalsukzession, § 1922 BGB). Constantin ist bewusst, dass seine Schwester damit nicht nur Eigentümerin des Grundstückes geworden, sondern auch in die Schuldnerstellung gegenüber den Gläubigern eingerückt ist. Die Gläubiger werden nicht zögern, auch das Grundstück im Wege der Zwangsversteigerung zu „versilbern", um ihre Forderungen befriedigt zu bekommen. Darüber hinaus ist nicht gesagt, dass damit alle Schulden getilgt wären. Im Gegenteil müsste Frau Kindermann eventuell sogar noch mit ihrem sonstigen vorhandenen Vermögen „draufzahlen". Da mangels entsprechender Angaben im Sachverhalt im vorliegenden Fall vonseiten der Großmutter keine Nachlasspflegschaft angeordnet worden ist, ist nämlich die Haftung der Erbin hier nicht auf den Nachlass beschränkt[70]. Constantin ist zwar gehalten, bei der Führung der Betreuung auf den Wünschen seiner Schwester (möglichst) zu entsprechen (§ 1901 III S. 1 BGB). Wenn er dies jedoch vorliegend täte, würde er nach dem soeben Ausgeführten ihrem (finanziellen) Wohl zuwiderhandeln. Constantin wird namens und mit Wirkung für seine Schwester die Erbschaft nach der Großmutter unter Beachtung der Vorgaben, die die §§ 1943 ff. BGB aufstellen, ausschlagen.

Aufgabe 11:

Frage 1: Ja, dies ist rechtlich möglich, da es sich um ein Geschäft des täglichen Lebens im Sinne des § 105a BGB handelt, das mit geringwertigen Mitteln (hier: 4,50 Euro) bewirkt werden kann. Der Kaufvertrag birgt auch weder für Herrn Bunt noch für sein Vermögen eine erhebliche Gefahr (§ 105a S. 2 BGB). Weiterhin ist mit der wechselseitigen Hingabe der Zeitschrift und des Geldes der Leistungsaustausch auch bewirkt. Der Kaufvertrag gilt ab Leistungsaustausch als wirksam[71].

Frage 2: Da Herr Borussia unter anderem auch die Rechtsfürsorge für die Frage der Aufenthaltsbestimmung von Herrn Bunt übertragen worden ist, ist dies nicht möglich. Herr Borussia muss also zu einem etwaigen Ausflug seine Zustimmung erteilen.

---

[70] *zu Näherem vgl. die §§ 1975 ff. BGB*

[71] *Diese Fiktion ist erforderlich, weil die Willenserklärung eines geschäftsunfähigen Volljährigen gemäß den §§ 104 Nr. 2, 105 BGB nichtig ist. Es liegt somit nur eine wirksame Willenserklärung (nämlich die der nicht geschäftsunfähigen Partei) vor. Verträge kommen aber erst bei Vorliegen von zwei übereinstimmenden Willenserklärungen (Angebot und Annahme) zustande.*

Frage 3: Der Betreuer hat den Wünschen des Betreuten soweit wie möglich zu entsprechen (§ 1901 II, III BGB), zumindest so lange, wie dies nicht dem Wohl des Betreuten zuwiderläuft. Derartige Anhaltspunkte finden sich in dem geschilderten Sachverhalt indessen nicht. Daher ist davon auszugehen, dass Herr Borussia dem geplanten Ausflug wahrscheinlich zustimmen wird.

Aufgabe 12:

Der ledige leibliche Vater wird nur im Fall einer Anerkennung der Vaterschaft auch zum rechtlichen Vater des nichtehelichen Kindes[72]. Gemäß § 1595 I BGB bedarf die Anerkennung auch der Zustimmung der Mutter. Diese kann Frau Bertha Kruse indessen im vorliegenden Fall nicht rechtswirksam erteilen. Da die Anerkennung der Vaterschaft für Katja allerdings der Wunsch seiner Schwester ist und dieser ihrem Wohl nicht zuwiderläuft, sondern es im Gegenteil sogar befördert, wird ihr Bruder an ihrer Stelle die erforderliche Zustimmung gemäß § 1595 I BGB erteilen[73]. Da Frau Kruse die elterliche Sorge für Katja im vorliegenden Fall nicht zusteht, muss auch Katja gemäß § 1596 II BGB der Anerkennung durch ihren leiblichen Vater zustimmen. Dies wird an ihrer Stelle mit Wirkung für sie ihre Tante als ihr Vormund tun.

Abwandlung:

Angesichts des eindeutigen Wortlautes der Vorschrift („auch") wäre auch die Zustimmung des Kindes bzw. hier seiner Tante als Vormund erforderlich, damit die Vaterschaftsanerkennung hier rechtswirksam „über die Bühne" gehen kann. Es fehlt somit an der erforderlichen zweiten Zustimmung. In einer derartigen Situation bleibt Herrn Neumann nur noch die Klärung seiner Vaterschaft über das gerichtliche Vaterschaftsfeststellungsverfahren gemäß § 1592 Nr. 3 BGB.

Aufgabe 13:

Frage 1: Die Betreuung ist ein Ehrenamt. Bindungen des Betreuten (etwa an Verwandte) sind zu berücksichtigen, wenn die künftig zu betreuende Person selbst niemanden vorschlägt (§ 1897 II BGB). Dies ist mangels entsprechender Angaben im Sachverhalt im Fall der Frau Fink nicht der Fall. Das Gericht wird daher wahrscheinlich Nepomuk zum Betreuer seiner Tante bestellen.

Frage 2: Der Betreuer ist zur Rechtsfürsorge, nicht zur tatsächlichen Fürsorge verpflichtet. Hilda Hilfreich muss daher im Rahmen ihres Aufgabenkreises die tatsächliche Fürsorge organisieren (etwa durch Erteilung einer Einwilligung in ärztliche Maßnahmen), ist aber selbst nicht zur tatsächlichen Pflege von Frau Fink verpflichtet.

Frage 3: Zur Wirksamkeit bestimmter Rechtsgeschäfte benötigt der Betreuer die Zustimmung des Betreuungsgerichtes. Der Verkauf eines dem Betreuten gehörenden Grundstückes ist ein solches Geschäft (§ 1908i I S. 1 i. V. m. § 1821 I Nr. 1 BGB). Nepomuk muss daher seine Pläne dem Betreuungsgericht unterbreiten, dieses muss sie dann „absegnen".

---

[72] *vgl. § 1592 Nr. 2 BGB*
[73] *Vgl. § 1596 I S. 4 i. V. m. S. 3 BGB*

Aufgabe 14:

Eine Genehmigung ist erforderlich, wenn die begründete Gefahr besteht, dass der Betreute aufgrund der Maßnahme stirbt oder einen schweren und länger dauernden gesundheitlichen Schaden erleidet[74].

Bsp.: Entnahme von Rückenmarksflüssigkeit, Chemotherapie, PEG-Magensonde

Aufgabe 15:

Nein, denn die Betreuung ist ein Ehrenamt. Wenn Gundula durch die Betreuung Kosten entstehen, kann sie allerdings eine Kostenpauschale (von derzeit 323,00 Euro pro Jahr) geltend machen oder diese detailliert abrechnen. Letzteres sollte sie allerdings nur dann tun, wenn die tatsächlichen Kosten die Kostenpauschale übersteigen.

Aufgabe 16:

Die gesetzlichen Krankenkassen sind Rehabilitationsträger nur im Bereich der Leistungen zur medizinischen Rehabilitation und für unterhaltssichernde und ergänzende Leistungen[75]. Bei der hier vorliegenden Kfz-Beihilfe handelt es sich aber um eine Leistung zur Teilhabe am Arbeitsleben. Der Antrag wurde also bei einem Rehabilitationsträger eingereicht, der zur Entscheidung über diesen Antrag gar nicht zuständig ist.
Hanna Hartnuss muss daher den Antrag unverzüglich an den zuständigen Träger (hier: die Deutsche Rentenversicherung) weiterleiten[76].

Aufgabe 17:

Das Gericht könnte unter engen Voraussetzungen trotzdem eine Betreuerbestellung vornehmen, wenn Frau Schwarz nicht nur lediglich körperlich behindert wäre. Denn wäre Frau Schwarz lediglich körperlich behindert, so dürfte ein Betreuer überhaupt nur auf ihren Antrag hin bestellt werden[77]. Wenn Frau Schwarz allerdings hier wegen einer psychischen Krankheit oder einer geistigen oder seelischen Behinderung ihren Willen nicht frei bestimmen kann, ist eine Betreuerbestellung auch gegen ihren Willen möglich. Was hinter dem „Verfahren“ von Frau Schwarz steckt, wird das Gericht dadurch aufzuklären versuchen, dass es ein ärztliches Gutachten in Auftrag gibt.

Aufgabe 18:

Nach § 1906 I BGB bedarf eine Unterbringung des Betreuten, die mit einer Freiheitsentziehung verbunden ist, einer Zustimmung vonseiten des Betreuungsgerichtes. Außerdem ist die Zulässigkeit einer Unterbringung an die in der Nr. 1 bzw. Nr. 2 normierten engen sachlichen Voraussetzungen geknüpft. Der Betreuer muss sich daher außer bei Fällen, in denen ein Aufschub mit Gefahr verbunden ist, an das Betreuungsgericht wenden, welches mithilfe von Sachverständigen überprüfen wird, ob die Voraussetzungen einer Unterbringung vorliegen.

---

[74] *vgl. § 1904 I BGB*
[75] *Die einzelnen Leistungsgruppen (insgesamt vier) der Leistungen zur Teilhabe zählt § 5 SGB IX auf.*
[76] *vgl. § 14 I 2 SGB IX*
[77] *vgl. § 1896 I S. 3 BGB*

Aufgabe 19:

Die Voraussetzungen einer Sterilisation finden sich in § 1905 I BGB. Alle Voraussetzungen der Nummern 1-5 müssen vorliegen, damit das Gericht in eine Sterilisation einwilligt. Hier fehlt es indessen an der in § 1905 I Nr. 3 BGB normierten Voraussetzung. Es muss anzunehmen sein, dass es ohne die Sterilisation zu einer Schwangerschaft kommt, wobei hierfür konkrete und ernsthafte Anhaltspunkte bestehen müssen. Dies ist vorliegend nicht der Fall. Das Betreuungsgericht wird im Fall der Franziska Friese einer Sterilisation vor deren Heimaufenthalt daher nicht zustimmen.

Aufgabe 20:

Es handelt sich um eine Vorsorgeverfügung in Form der Betreuungsverfügung. Ihre Wirksamkeit wird in § 1901c BGB abgesichert. Inhalt der Betreuungsverfügung sind privatautonome Regelungen der zu einem späteren Zeitpunkt betreuten Person.

Aufgabe 21:

Oberste Richtschnur des Handelns des Betreuers ist das Wohl der von ihm betreuten Person. Wenn dieses Wohl den (auch kompletten) Verbrauch des Vermögens noch zu Lebzeiten erfordert, so hat der Betreuer es einzusetzen.

Aufgabe 22:

Der Aufgabenkreis der Vermögenssorge umfasst nicht von vornherein die Postkontrolle. Hier wird Gustav Gründlich aber nach den geschilderten Umständen seine Aufgabe der Vermögenssorge nicht erfüllen können, wenn er die Post an den von ihm zu Betreuenden nicht anhalten, öffnen, lesen und entsprechend reagieren kann. Daher muss das Gericht in seinen Beschluss die ausdrückliche Regelung mit aufnehmen, dass Herr Gustav Gründlich zur Kontrolle der Post des Herrn Ziegler befugt ist (§ 1896 IV BGB)[78].

Abwandlung:

Auch hier muss Herr Gründlich als Betreuer bestellt werden, um die Schulden zu regulieren bzw. eine mögliche weitere Verschuldung von Herrn Ziegler zu verhindern. Die Vermögenssorge umfasst auch die Sorge für ein „negatives Vermögen".

10.6 Lösungen zur zivilrechtlichen Haftung (zu Kapitel 5)

Aufgabe 1:

Frau Alt hat nur einen Vertrag über pflegerische Leistungen mit Frau Prinz, sodass sie auch nur dieser gegenüber einen Anspruch aus § 280 I BGB geltend machen kann. Dieser Anspruch ist für den Geschädigten günstiger als ein Anspruch aus deliktischer Haftung, da das Verschulden gemäß § 280 I S. 2 BGB vermutet wird.

Frau Alt hat gegen Frau Prinz keinen Anspruch aus vertraglicher Haftung aufgrund eigener schuldhafter Handlung, denn ein eigenes Organisationsverschulden von Frau Prinz lässt der Sachverhalt nicht erkennen.

---

[78] *Bitte machen Sie sich klar: Auch wenn eine Kontrolle der Post der betreuten Person zweckmäßig ist, handelt es sich dabei dennoch um einen schweren Eingriff in die Grundrechte.*

Frau Prinz selbst hat die Handlung, aufgrund derer hier Schadensersatz in Betracht kommt, gar nicht begangen. Frau Prinz haftet allerdings für ein Verschulden von Frau Hilfreich wie für eigenes Verschulden (§ 278 BGB). Denn Frau Prinz hat Frau Hilfreich zur Erfüllung einer vertraglichen Verpflichtung eingesetzt, die ihr eigentlich selbst oblag. Frau Hilfreich ist somit ihre Erfüllungsgehilfin.

Aus dem Pflegevertrag ergibt sich die rechtliche Nebenpflicht, keine Rechtsgüter der Auftraggeberin (schuldhaft) zu verletzen. Hier wurde das Eigentum der Frau Alt durch Frau Hilfreich schuldhaft (nämlich fahrlässig im Sinne des § 276 I, II BGB) verletzt. Für dieses Verschulden ihrer Erfüllungsgehilfin haftet Frau Prinz wie für eigenes Verschulden. Das Verschulden der Frau Hilfreich wird also von der Rechtsordnung Frau Prinz zugerechnet[79].

Weiterhin kommt noch eine deliktische Haftung von Frau Prinz nach Maßgabe des § 831 I BGB in Betracht (sog. Haftung für den Verrichtungsgehilfen). Verrichtungsgehilfe ist, wer sozial abhängig und weisungsgebunden ist. Beides trifft auf Frau Hilfreich im Hinblick auf ihr Rechtsverhältnis zu Frau Prinz zu. Die Haftung aus § 831 I BGB ist im Gegensatz zu der aus § 278 BGB nicht eine solche für ein fremdes Verschulden (hier Frau Hilfreichs), sondern für ein vermutetes eigenes Verschulden.

Im Hinblick auf ihr vermutetes eigenes Verschulden bei der Auswahl (und Überwachung) von Frau Hilfreich kann sich Frau Prinz nach den Angaben im Sachverhalt jedoch nach Maßgabe des § 831 I BGB exkulpieren (entschuldigen). Eine Haftung von Frau Prinz für ihre Verrichtungsgehilfin Frau Hilfreich besteht daher nicht.

Daneben hat Frau Alt auch noch einen Anspruch aus deliktischer Haftung gemäß § 823 I BGB wegen einer begangenen unerlaubten Handlung gegen Frau Hilfreich persönlich. Die tatbestandlichen Voraussetzungen eines derartigen Anspruches (Tatbestand, Rechtswidrigkeit und Schuld) liegen vor. Frau Hilfreich hat ein Rechtsgut von Frau Alt (Eigentum) verletzt, ohne dass ihr für ihr Tun ein Rechtfertigungsgrund zur Seite gestanden hätte. Dies hat sie auch schuldhaft (vgl. dazu oben) getan.

Aufgabe 2:

Man könnte hier an einen Schadensersatzanspruch des Herrn Nix gegen Reinhold nach § 823 I BGB in Höhe von 1.500,00 Euro denken, da Reinhold nicht vorsichtig genug zwischen den parkenden Autos hindurch gefahren ist und so den Schaden fahrlässig verursacht hat. Jedoch ist Reinhold mit seinen 5 Jahren noch nicht deliktsfähig. Kinder bis zur Vollendung des siebten Lebensjahres haften demnach nicht für Schäden, die sie anrichten. Der erst fünfjährige Reinhold muss daher den Schaden aufgrund seiner Deliktsunfähigkeit nicht ersetzen. Für eine Billigkeitshaftung nach § 829 BGB enthält der Sachverhalt keine Anhaltspunkte.

Aber was ist mit Reinholds Eltern? Schließlich sieht man an nahezu jeder Baustelle – wie ja auch Herr Nix gegenüber Reinholds Eltern betont – das schwarzgelbe Schild „Eltern haften für ihre Kinder!“. Nur: dieses Schild besagt rechtlich rein gar nichts. Nach dem Gesetz haften Eltern nämlich ausschließlich dann, wenn sie ihrer Aufsichtspflicht gegenüber ihren Kindern, der sie im Rahmen ihrer elterlichen Sorge nachzukommen haben, eben nicht genügend nachgekommen sind (§ 832 BGB). Eine Sippenhaft gibt es nicht. Jeder haftet nur für sein eigenes Verschulden. Die Eltern haften also nur für eine eigene schuldhafte Aufsichtspflichtverletzung.

---

[79] *Denn hätte Frau Hilfreich alles richtig gemacht, so würde Frau Prinz auch den ökonomischen Gewinn einstreichen, den ihr als Unternehmerin die Tätigkeit von Frau Hilfreich bringt.*

Reinholds Eltern hätten beispielsweise dann ihre Aufsichtspflicht verletzt, wenn sie Reinhold das Radfahren nicht richtig beigebracht hätten und dieser nur sehr schwankend gefahren wäre. Sie hatten aber mit Reinhold eine Woche lang sehr intensiv geübt, sodass Reinhold an sich sicher fuhr. Bezüglich einer Haftung der Eltern ist daher das (Teil-) Ergebnis festzuhalten, dass Herr und Frau Radler ihre Aufsichtspflicht nicht verletzt haben und daher auch nicht zahlen müssen.

Vielleicht zahlt aber die Familienhaftpflichtversicherung von Reinholds Eltern, in die ja auch Reinhold einbezogen ist? Dies wäre für Herrn Nix sicherlich sehr vorteilhaft, da die AG eine sehr solvente Anspruchsgegnerin sein dürfte. Aber, auch hier wieder Pech für Herrn Nix: Die Versicherung muss nur dann zahlen, wenn ein Versicherungsfall eingetreten wäre. Dies ist aber nicht der Fall, da weder Reinhold noch seine Eltern im vorliegenden Fall Herrn Nix gegenüber zur Begleichung des Schadens verpflichtet sind. Auch die Secura AG bezahlt die 1.500,00 Euro Schaden am Auto von Herrn Nix nicht.

Herr Nix muss daher die Schäden an seinem Pkw aus eigener Tasche zahlen, es sei denn, er hätte eine Vollkaskoversicherung abgeschlossen. Aber auch dass würde für ihn eine (wenn auch vielleicht nicht so große) finanzielle Einbuße bedeuten, da sich dann seine Versicherungsbeiträge im nächsten Jahr erhöhen werden (Schadenrückstufung).

Aufgabe 3:

Nach den Umständen des Falles hat Frau Hehn hier (leicht) fahrlässig gehandelt. Sie ist daher Frau Kremer zur Zahlung eines Schmerzensgeldes aufgrund eines Anspruches aus unerlaubter Handlung gemäß § 823 BGB verpflichtet. Jedoch haftet auch die g GmbH aufgrund vertraglicher Pflichtverletzung. Denn nur die g GmbH hat mit Frau Kremer einen Vertrag, zu dessen Erfüllung sie sich der Arbeitskraft von Frau Hehn als ihrer Erfüllungsgehilfin bedient. Da die g GmbH durch die Tätigkeit der Frau Hehn für sie ökonomische Vorteile genießt (Erhöhung des Gewinns), soll sie auch die Nachteile, die die Einschaltung der Erfüllungsgehilfin mit sich bringt, tragen. Daher hat die g GmbH das Verschulden [hier: (leichte) Fahrlässigkeit gemäß § 276 II BGB] ihrer Erfüllungsgehilfin so zu vertreten wie ihr eigenes (§ 278 BGB).

Eine Haftung der g GmbH aufgrund vermutetem eigenen Verschulden bei Auswahl und Überwachung von Frau Hehn als Verrichtungsgehilfin[80] gemäß § 831 I 1 BGB scheidet nach den Angaben im Sachverhalt wohl aus. Denn da Frau Hehn bis jetzt etwas Derartiges noch nicht passiert ist, wird sich die Arbeitgeberin von dem Vorwurf des vermuteten eigenen Verschuldens, den § 831 I 1 BGB im Wege der sogenannten Exkulpation gemäß § 831 I 2 BGB befreien können.

Angaben für eine eigene unerlaubte Handlung im Wege des Organisationsverschuldens und damit eine eigene Haftung der g GmbH nach § 823 I BGB enthält der Sachverhalt nicht.

Aufgabe 4:

Dustin hat hier fahrlässig einen Schaden (in Höhe von 250,00 Euro) herbeigeführt. Fraglich ist, ob er hierfür auch haftbar gemacht werden kann. Dies ist eine Frage der Deliktsfähigkeit. Als 16-jähriger ist Dustin nur beschränkt deliktsfähig. Entscheidend ist, ob er einsichtsfähig war. Laut Sachverhalt war Dustin seinem Alter entsprechend entwickelt.

---

[80] Verrichtungsgehilfe eines anderen ist derjenige, der von diesem sozial abhängig und weisungsgebunden ist. Dies ist die typische Stellung eines Arbeitnehmers gegenüber seinem Arbeitgeber.

16-jährige wissen im Allgemeinen, warum man in Deutschland keine Straße überqueren sollte, ohne vorher nach links oder rechts zu schauen. Dustin ist daher rechtlich verpflichtet, die 2500,00 Euro gemäß § 823 I BGB bezahlen[81].

In der Abwandlung ist Dustin erst acht Jahre alt. Hier kommt es nicht auf seine individuelle Einsichtsfähigkeit an, da der Gesetzgeber entschieden hat, dass Achtjährige für von ihnen fahrlässig herbeigeführte Schäden im Straßenverkehr nicht haften müssen (§ 828 II BGB)[82].

Aufgabe 5:

Der Nachbar könnte gegen Benjamin selbst einen Anspruch aus § 823 I BGB wegen unerlaubter Handlung haben. Voraussetzung hierfür wäre allerdings, dass Benjamin deliktsfähig wäre. Deliktsfähigkeit ist die Fähigkeit, für eine begangene unerlaubte Handlung zu haften. Mit 13 Jahren ist Benjamin an sich beschränkt deliktsfähig. Wenn das Gericht dem Gutachten folgt, so wird es die erforderliche Einsicht[83] von Benjamin allerdings verneinen.

Die Mutter könnte gemäß § 832 BGB „dranzukriegen" sein. Die Aufsichtspflicht richtet sich nach dem Alter, den Eigenarten und dem Charakter des jeweiligen Aufsichtsbedürftigen. Zweck der Aufsichtspflicht ist es, Dritte vor Schäden zu bewahren. Auf der anderen Seite muss aber auch einem Kind mit Behinderung die Möglichkeit gegeben werden, Selbstständigkeit zu lernen, weshalb eine pausenlose, vollständige Kontrolle von der Rechtsprechung abgelehnt wird.

Eine Aufsichtspflichtverletzung der Mutter kann man daher im vorliegenden Fall nur dann annehmen, wenn ihr eine Zündelneigung ihres Sohnes bekannt war. Dies war nach den im Sachverhalt geschilderten Umständen nicht der Fall. Dadurch, dass sie ihren Sohn unbeaufsichtigt aus dem Haus gehen ließ, hat sie somit keine Verletzung ihrer Aufsichtspflicht begangen. Daher muss auch die Mutter den Schaden nicht ersetzen.

Der Nachbar bleibt daher auf seinem Schaden sitzen[84].

Aufgabe 6:

Die Heilerziehungspflegerin hat hier die ihr zukommende Aufsichtspflicht verletzt, da sie wusste, dass Herr Houven eine „Neigung zum Bahnfahren" hatte. Sie haftet daher für den entstandenen Schaden in Höhe von 42,40 Euro[85].

---

[81] *Es war nicht danach gefragt, wie er das macht: Ob er sein Taschengeld verwendet oder Erspartes hat oder in den Ferien jobben geht, bleibt Ihrer Fantasie überlassen.*

[82] *Achtung! Es war weder nach einer Haftung der Eltern (wegen Aufsichtspflichtverletzung noch nach der Eintrittspflicht einer (etwaig bestehenden) Haftpflichtversicherung gefragt). Bitte beantworten Sie immer nur die gestellte Frage, in dieser war lediglich von Dustins Haftung die Rede.*

[83] *vgl. § 828 III BGB*

[84] *Die Tatsache, dass der Nachbar Benjamin und seine Mutter verklagt hat, lässt den Schluss zu, dass der Nachbar für seine Laube keine Feuerversicherung abgeschlossen hat. Eine Versicherung ist solventer als eine Privatperson und wird daher in der Rechtswirklichkeit vom Geschädigten bevorzugt um die Regulierung des Schadens angegangen.*

[85] *Haftung nur in Höhe von 2,40 Euro mit guter Begründung vertretbar.*

Aufgabe 7:

Finn ist fünf Jahre alt und daher nach dem Gesetz deliktsunfähig[86]. Er muss daher für die von ihm begangene unerlaubte Handlung nicht zivilrechtlich haften. Eine Billigkeitshaftung nach § 829 BGB kommt vorliegend auch nicht Betracht, da Finn nahezu kein Vermögen hat[87].

Veronika Mistelmann hat ihrer Aufsichtspflicht nicht genügt und haftet daher Herrn Neumann in Höhe von 1.000,00 Euro. Ihr war bewusst, dass Finn heute besonders aggressiv war und dass eine Aufsicht daher angezeigt gewesen wäre. Trotzdem hat sie Finn sich selbst überlassen. Hierhin besteht ihr eigenes schuldhaftes Verhalten, für das sie zivilrechtlich in Form der Haftung für den hierdurch entstandenen Schaden einzustehen hat[88].

Aufgabe 8:

Frage 1: Frau Bunse hat grundsätzlich Anspruch auf den Ersatz ihres materiellen Schadens (zerstörtes Auto) nach § 823 I BGB (verletztes Rechtsgut ist das Eigentum). Zudem hat sie einen Anspruch auf ein angemessenes Schmerzensgeld als Nichtvermögensschaden (§ 253 BGB).

Frage 2: Herr und Frau Bunse vertreten als Betreuer ihre Tochter außergerichtlich und gerichtlich (§ 1902 BGB). Da man hier erkennbar außergerichtlich zu keiner Einigung gelangt, muss Frau Bunse, vertreten durch ihre Eltern, Klage erheben. Wollen die Eltern mehr als 5.000,00 Euro im Namen ihrer Tochter geltend machen, so müssen sie die Sorgsam AG vor dem Landgericht verklagen. Hier herrscht Anwaltszwang[89]. Die Sorgsam AG wird als juristische Person des Zivilrechts vor Gericht durch ihren Vorstand vertreten. Besteht dieser aus mehreren natürlichen Personen wird der Vorstand wiederum durch die oder den Vorsitzende/n vertreten.

10.7 Lösungen zum Erbrecht (zu Kapitel 6)

Aufgabe 1:

Die Erbfähigkeit ist (als Teil der Rechtsfähigkeit) die Fähigkeit, die Erbenstellung oder Einzelzuwendungen von Todes wegen zu erwerben. Gemäß § 1 BGB beginnt die Rechtsfähigkeit des Menschen mit der Vollendung der Geburt[90]. Frau Neumann ist somit seit 20 Jahren rechts- und damit auch erbfähig. Dass Frau Neumann nicht geschäftsfähig ist, spielt somit für die Bejahung ihrer Erbfähigkeit keine Rolle. Allerdings könnte Frau Neumann das ihr durch den Erbfall zufallende Vermögen nicht allein verwalten, da es sich bei der Verwaltung nicht um ein Geschäft des täglichen Lebens im Sinne des § 105a BGB handelt. Zur Verwaltung des Vermögens ist vielmehr ihr Betreuer berufen. Waren ihre Eltern mit Eintritt ihrer Volljährigkeit zu ihren Betreuern bestellt worden, so ist nunmehr vom Amtsgericht (Unterabteilung Betreuungsgericht) ein neuer Betreuer zu bestellen.

---

[86] *vgl. § 828 I BGB*

[87] *Eine Billigkeitshaftung käme nur dann in Betracht, wenn Finn „reich" wäre, Herr Neumann hingegen „arm".*

[88] *vgl. § 832 BGB*

[89] *vgl. § 78 ZPO*

[90] *Damit ist der vollständige Austritt des Kindes aus dem Mutterleib gemeint (die Nabelschnur braucht noch nicht durchtrennt zu sein).*

Aufgabe 2:

Herr Westerholt müsste eine letztwillige Verfügung machen, da aufgrund der gesetzlichen Erbfolge lediglich das Ungeborene sein Erbe würde, dieses aber rechtlich gegenüber der Stiftung zu nichts verpflichtet wäre. Zu denken wäre etwa an ein Testament, in dem er neben seinem ungeborenen Kind noch die Stiftung zu einem gewissen prozentualen Anteil als seine Erbin einsetzt (dies ist möglich, da es sich bei der Stiftung um eine juristische Person handelt, diese mithin die Rechtsfähigkeit besitzt).

Aufgabe 3:

In diesem Fall tritt die gesetzliche Erbfolge ein, da das von Gerda Klein gemachte Testament keinerlei rechtliche Wirkung nach sich zieht. Da ein Tier weder eine natürliche noch eine juristische Person ist, fehlt ihm die Rechtsfähigkeit. Schlappohr hat also nichts geerbt. Erben sind vielmehr Herr Otto Klein zur Hälfte sowie Herr Gottfried Klein und seine beiden Geschwister sowie die adoptierte Tochter Ludmilla zu je einem Achtel (vgl. §§ 1925, 1931, 1371 I BGB). Dieses Achtel erstreckt sich aber nicht auf einzelne Gegenstände, sondern auf den gesamten Nachlass von Gerda Klein.

Sie müssen Herrn Klein daher dahingehend aufklären, dass er zwar etwas geerbt habe, nicht aber konkret die Sammlung. Sie können ihm den Rat geben, sich mit seinen Geschwister und seinem Vater dahingehend zu besprechen, dass er bei der noch zu erfolgenden Auseinandersetzung des Nachlasses Eigentum und Besitz an der Sammlung erhält.

Aufgabe 4:

Hier tritt die gesetzliche Erbfolge ein, die bei der Bestimmung des/der Erben eines Erblassers dem Grundsatz folgt „Das Gut fließt in das Blut" (vgl. im Einzelnen §§ 1924 ff. BGB). Auch Frau Kurz ist daher neben ihren Halbgeschwistern Erbin ihres Vaters geworden und bildet mit ihren drei Geschwistern eine Erbengemeinschaft, die auseinandergesetzt werden muss. Dass weder ein Kontakt mit dem Vater oder den Halbgeschwistern bestand, ist rechtlich unerheblich. Ein Anspruch auf ein Viertel des Nachlasses ist Frau Kurz sicher.

Aufgabe 5:

Da Herr Vogel als Vater von Marion Erbe zweiter Ordnung ist, ist er neben ihrer Mutter nach § 1924 I BGB mit einem Erbteil von $\frac{1}{2}$ gesetzlicher Erbe nach Marion geworden. Dass er die Mutter seinerzeit nicht geheiratet hat und/oder nur wenig Kontakt zu seinem Kind gepflegt hat, ändert daran nichts[91]. Die Erbenstellung des Vaters hätte nur im Wege einer Verfügung von Todes wegen verhindert werden können.

Merksatz
Bei der gesetzlichen Erbfolge gilt: „Das Gut fließt in das Blut."

Aufgabe 6:

Es gibt zwei mögliche Formen, wie ein ordentliches Testament errichtet werden kann. Dies sind gemäß § 2231 BGB die Niederschrift durch einen Notar oder das eigenhändige

[91] Eine der (abschließenden) Gründe der Erbunwürdigkeit gemäß § 2333 Nr. 1 – 5 BGB liegt nach den Umständen des Falles nicht vor.

Testament nach § 2247 BGB. Letzteres muss allerdings komplett per Hand geschrieben sein. Daher genügt das von Herrn Angermann aufgesetzte Testament nicht der vom Gesetz vorgeschriebenen Form. Das Testament ist demnach nicht rechtswirksam errichtet. Würde Herr Angermann daher sterben, ohne ein weiteres, diesmal formwirksames Testament aufgesetzt zu haben, würde die gesetzliche Erbfolge eintreten.

Aufgabe 7:

Barbara wird alleinige Erbin ihrer Mutter. Denn sie ist eine Erbin der ersten Ordnung (vgl. § 1924 I BGB), Brunhilde Bunt als Mutter „nur“ Erbin der zweiten Ordnung. Diese kann nicht erben, da mit Barbara eine Erbin der vorhergehenden Ordnung vorhanden ist (vgl. § 1930 BGB).

Aufgabe 8:

Nein, Barbara ist auch hier die Alleinerbin ihrer Mutter. Denn ein adoptiertes Kind erlangt nach § 1754 II BGB die rechtliche Stellung eines ehelichen Kindes der Annehmenden. Daher ist Barbara gesetzliche Erbin erster Ordnung und schließt Brunhilde Bunt nach wie vor als Erbin zweiter Ordnung von der Erbfolge aus (§ 1930 BGB).

Aufgabe 9:

Balduin ist nicht Erbe seiner leiblichen Mutter geworden. Denn durch die Annahme als Kind durch das Ehepaar Kindermann ist das rechtliche Band zwischen ihm und seiner leiblichen Mutter zerschnitten. Alle seine Pflichten aber auch Rechte seiner leiblichen Mutter gegenüber sind erloschen (§ 1755 I 1 BGB), weshalb Balduin als gesetzlicher Erbe ausscheidet.

Aufgabe 10:

Nach zutreffender Ansicht des BGH ist das sogenannte Behindertentestament nicht nach § 138 I BGB sittenwidrig und damit nichtig. Das Ziel des Erblassers, seinem Kind mit Behinderung mit dem Testament über die zu erwartenden Sozialleistungen hinaus Weiteres zukommen zu lassen, ist nach gefestigter Ansicht des Gerichtes nicht per se anstößig. Im Gegenteil entspreche ein derartiges Verhalten des Erblassers der sittlichen Verantwortung von Eltern für ihre Kinder[92]. Die von Eltern für ihr Kind mit Behinderung über ihren Tod hinaus getroffene Vorsorge gebührt somit der sittlichen Anerkennung. Der Subsidiaritätsgrundsatz kann daher durch die im Fall geschilderte Testamentsgestaltung unterlaufen werden.

Im Einzelnen:

Die Hälfte des Nachlasses steht Emma entgegen der Ansicht des Sozialhilfeträgers nicht zu, da die gesetzliche Erbfolge hier infolge des Testamentes nicht eingreift. Aber auch ein Pflichtteilsanspruch in Geld in Höhe eines Viertels des Nachlasses[93] steht Emma nicht zu, da Theodor sie nicht enterbt, sondern sie mit einer Erbquote von 26 Prozent zur Vorerbin berufen hat. Zwar bestünde die Möglichkeit, dieses Erbe auszuschlagen[94]. Dieses Ausschlagungsrecht kann der Sozialhilfeträger nicht nach dem SGB XII auf sich

---

[92] *BGHZ 111, 36*

[93] *vgl. § 2303 I BGB*

[94] *Da im Sachverhalt nicht die Rede davon ist, dass Emma unter Betreuung steht, müsste sie dies wohl selbst tun.*

überleiten, da es sich hierbei nicht um ein Leistungs-, sondern um ein Gestaltungsrecht handelt. Zudem ist das Ausschlagungsrecht ein höchstpersönliches Recht[95].

Emma ist nur Vorerbin. Mit dem Eintritt des Nacherbfalles, also ihrem Ableben, fällt ihr Miterbenanteil nicht in ihren Nachlass, sondern ihr Bruder Norbert wird dann ohne Weiteres auch Erbe nach seinem Vater in Höhe von Emmas Erbteil in Höhe von 26 Prozent. Somit bleibt das Vermögen in der Familie und bleibt dem Zugriff des Sozialhilfeträgers auch nach Emmas Tod entzogen.

Während der Dauer von Emmas Stellung als Vorerbin ist dem Sozialhilfeträger der Zugriff ebenfalls entzogen. Dies wegen der Anordnung Theodors an seinen Sohn Norbert als Testamentsvollstrecker Erträgnisse an Emma nur in dem Umfang auszuschütten, wie sie nach dem SGB XII dem Schonvermögen unterliegen. Demnach kann der Sozialhilfeträger die Ausschüttungen bei der Festsetzung der Sozialhilfe nicht berücksichtigen.

Dem Sozialhilfeträger ist somit durch Theodors Testament wegen der für Emma erbrachten und noch zu erbringenden Leistungen jeglicher Regress gegen den Nachlass verwehrt.

Aufgabe 11:

Frage 1: Ja, Herr Reibbach ist im Wege der gesetzlichen Erbfolge Erbe seiner Tante geworden. Er ist Erbe zweiter Ordnung nach § 1925 BGB. Da seine Eltern nicht mehr leben, sperren sie ihn nicht. Auch sind keine Erben der ersten Ordnung[96] vorhanden, die ihm im Rang vorgehen würden.

Dass Herr Reibbach bereits vor Jahren ausgewandert ist, spielt nach deutschem Erbrecht keine Rolle. Entscheidend für seine Erbenstellung ist vielmehr, dass durch seine Adern Blut fließt, welches ihn mit seiner Tante verbindet.

Frage 2: Ja, Herr Reibbach muss die 3.500,00 Euro zahlen (wenn er Erbe bleibt). Denn im deutschen Recht gilt die Gesamtrechtsnachfolge. Der Erbe rückt in die Stellung des Erblassers ein, die dieser im Zeitpunkt seines Todes innehatte, also erhält er nicht nur dessen Rechte, sondern auch dessen Pflichten. Zum Zeitpunkt ihres Todes war Frau Reibbach Schuldnerin der Aktiengesellschaft. Diese war die Gläubigerin von Frau Reibbach und ist nunmehr die Gläubigerin von Herrn Reibbach.

Herr Reibbach könnte die Erbschaft aber auch unter Beachtung der Voraussetzungen der §§ 1942 ff. BGB ausschlagen. Dann muss er die Schulden nicht zahlen, wird aber auch nicht Eigentümer des Vermögens seiner verstorbenen Tante. Der Erbe muss sich daher Gewissheit darüber verschaffen, ob sich die Ausschlagung einer Erbschaft lohnt. Dies tut sie dann, wenn die Verbindlichkeiten des Erblassers höher zu beziffern sind als sein Vermögen.

Aufgabe 12:

Tanja kann ihren Pflichtteilsanspruch[97] geltend machen, da sie enterbt wurde. Die Höhe ihres Anspruchs beträgt $\frac{1}{8}$ der Erbschaft, da sie im Wege der gesetzlichen Erbfolge zu einem $\frac{1}{4}$ Erbin nach ihrem Vater geworden wäre.

---

[95] *Diese Frage ist von der höchstrichterlichen Rechtsprechung noch nicht geklärt. Beobachten Sie daher die weitere Rechtsprechung des BGH zum Themenkomplex „Behindertentestament".*

[96] *vgl. § 1924 BGB*

[97] *vgl. § 2303 BGB*

Aufgabe 13:

Nein, Anne hat nicht Recht. Nach dem Testament muss sie wertmäßig die Hälfte des Nachlasses erhalten. Da neben dem Grundstück kaum Vermögen vorhanden ist, muss der Bruder aus seinem eigenen Vermögen Geld an sie zahlen. Notfalls muss dafür das Hausgrundstück verkauft werden.

Aufgabe 14:

Da keine Stiefkindadoption stattgefunden hat, bleibt es dabei, dass der Vetter als Sieglindes einziger Verwandter im Wege der gesetzlichen Erbfolge erbt[98]. Frieda bekommt aus dem Nachlass von Sieglinde nichts.

Aufgabe 15:

Die beiden Damen können einen Erbvertrag miteinander schließen, in dem Sieglinde ihre Stieftochter als ihre Alleinerbin einsetzt und Frieda sich zu den Pflegeleistungen verpflichtet. Zu beachten ist allerdings die gesetzlich vorgeschriebene Form der notariellen Beurkundung des Vertrages. Andernfalls ist dieser aufgrund Formmangels gemäß § 125 S. 1 BGB nichtig.

Aufgabe 16:

Ihr Sohn ist durch Ihr Testament nicht Erbe Ihrer verstorbenen Gattin geworden. Er kann allerdings einen Pflichtteilsanspruch nach seiner Mutter geltend machen, da dieser über das Testament nicht ausgeschlossen wurde. Die Rechtslage ist eindeutig: Sie müssen daher jetzt schon zahlen, denn Sie sind ja nach dem Testament der Erbe Ihrer Frau geworden.

Aufgabe 17:

Regina Meurer ist Erbin ihrer Mutter im Rahmen der gewillkürten Erbfolge geworden. Jedoch hat die Erblasserin in ihrem Testament gleichzeitig Frau Elise Eilmann einen Vermögensvorteil zugewandt, ohne diese allerdings als Erbin einzusetzen. In einer derartigen Situation spricht man von einem Vermächtnis[99]. Durch das Vermächtnis wird für Elise das Recht begründet, von der Beschwerten (Regina Meuer) die Leistung des vermachten Gegenstandes zu fordern[100]. Da Elise erst 17 Jahre und damit erst beschränkt geschäftsfähig[101] ist, müssen die Eltern als ihre gesetzlichen Vertreter den Anspruch von Elise gegen Regina im Rahmen der Vermögenssorge geltend machen. Der Anspruch ist auf die Übertragung des Eigentums an dem Medaillon gerichtet.

Aufgabe 18:

Der Erblasser kann seine/n Erben durch Verfügung von Todes bestimmen. Dies ist die gewillkürte Erbfolge (weil der Erblasser nach seinem Willen bestimmt, wer sein Erbe werden soll). Die gewillkürte Erbfolge geht der gesetzlichen Erbfolge vor. Verfügung von Todes wegen ist der Oberbegriff für das Testament (die letztwillige Verfügung[102]) und den Erbvertrag[103].

---

[98] *als Erbe dritter Ordnung gemäß § 1926 BGB*
[99] *vgl. § 1939 BGB*
[100] *vgl. § 2174 BGB*
[101] *vgl. § 106 BGB*
[102] *Es handelt sich um ein einseitiges Rechtsgeschäft.*
[103] *Es handelt sich zumindest um ein zweiseitiges Rechtsgeschäft.*

Existiert keine Verfügung von Todes wegen, so tritt die Erbfolge kraft Gesetzes ein, die sogenannte gesetzliche Erbfolge. Hiernach sind die Verwandten des Erblassers und gegebenenfalls auch sein Ehegatte bzw. sein eingetragener Lebenspartner zu Erben berufen.

Der Erblasser kann auch ohne einen Erben zu benennen, durch Testament einzelne Erben von der gesetzlichen Erbfolge ausschließen[104].

Aufgabe 19:

Frau Süden ist gemäß §§ 1931 I, II, 1371 I BGB zu 1/2 durch gesetzliche Erbfolge nach ihrem Ehemann berufen. Die andere Hälfte ist auf die beiden ehelichen Kinder Max und Moritz und auf den nichtehelichen Sohn Peter nach § 1924 I, IV BGB zu je $\frac{1}{6}$ zu verteilen.

Aufgabe 20:

Herr Hoffmann hat es durch sein Handeln nicht geschafft, Frau Fiona Fein im Wege der gewillkürten Erbfolge rechtswirksam als seine Erbin einzusetzen. Denn damit ein von dem Verfasser selbst verfasstes Testament wirksam ist, muss es gemäß § 2247 BGB zur Gänze von ihm selbst per Hand geschrieben sein. Ein Diktat reicht nicht. Im Fall des Herrn Hoffmann gilt daher nach wie vor die gesetzliche Erbfolge.

Aufgabe 21:

Auch ein Minderjähriger kann bereits ein Testament errichten, wenn er sein 16. Lebensjahr vollendet hat (§ 2229 I BGB). Mit Erreichen seines 16. Geburtstages hat Michael sein 16. Lebensjahr vollendet und ist daher nun testierfähig. Der Zustimmung seiner Eltern als seiner gesetzlichen Vertreter (§§ 1626, 1629 BGB) bedarf Michael zur rechtswirksamen Errichtung eines Testamentes nicht (§ 229 II BGB). Jedoch hat er als Minderjähriger nicht die Möglichkeit, sein Testament in der Form des eigenhändigen Testamentes zu errichten (§ 2247 IV BGB). Er muss daher zum Notar gehen (§ 2232 BGB). Sein Testament kann Michael durch die Übergabe einer offenen Schrift an den Notar oder durch Erklärung ihm gegenüber errichten (§ 2233 I BGB).

Bei der Stiftung handelt es sich um eine juristische Person (des Zivilrechts)[105]. Diese kann also auch etwas erben.

10.8 Lösungen zum Strafrecht (zu Kapitel 7)

Aufgabe 1:

Frage 1: Entgegen seiner Annahme kann hier Leon sehr wohl strafrechtlich zur Verantwortung gezogen werden. Denn die Strafmündigkeit beginnt nach § 19 StGB bereits mit 14 Jahren.

Frage 2: Da Leon noch keine 18 Jahre alt ist, ist nach § 1 JGG hier Jugendstrafrecht anzuwenden. Die Höchststrafe im Bereich des Jugendstrafrechts ist eine zehnjährige Haftstrafe. Außerdem gibt Sanktionen, die das Erwachsenenstrafrecht nicht kennt, beispielsweise die sogenannten Zuchtmittel.

---

[104] *vgl. § 1938 BGB*
[105] *vgl. §§ 80 ff. BGB*

Wenn Leon bei der Tatbegehung 19 Jahre alt wäre, so wäre er ein sogenannter Heranwachsender im Sinne des Jugendstrafrechts. Hier müsste das Gericht entscheiden, ob es noch nach Jugendstrafrecht oder nach Erwachsenenstrafrecht entscheidet. Vorliegend handelt es sich nicht um typische Jugendverfehlungen im Sinne des § 105 I Nr. 2 JGG (dies wäre etwa das sogenannte joy riding – Aufbrechen eines Pkw mit dessen anschließendem „Schrotten" durch eine waghalsige Fahrt). Daher müsste das Gericht im vorliegenden Fall entscheiden, ob Leon - obwohl bereits volljährig - von seiner Reife her eher noch einem Jugendlichen gleichsteht. Wenn dies der Fall ist, so muss es das Jugendstrafrecht entsprechend anwenden (§ 105 I Nr. 1 JGG). Wenn das Gericht nicht zu diesem Ergebnis kommt, so wird es auf den „Fall Leon" Erwachsenenstrafrecht anwenden[106].

Merksatz
Im Strafrecht wird zwischen Strafunmündigen (bis einschließlich 13 Jahre), Jugendlichen (14 bis einschließlich 17 Jahre), Heranwachsenden (18 bis einschließlich 20 Jahre) und Erwachsenen (21 Jahre oder älter) unterschieden.

Aufgabe 2:

Frau Nebel hat sich wegen (vorsätzlicher) Körperverletzung gemäß § 223 I StGB strafbar gemacht. Der Schlag mit der flachen Hand ins Gesicht stellt eine üble, unangemessene Behandlung und somit eine körperliche Misshandlung nach dieser Vorschrift dar. Der objektive Tatbestand einer Körperverletzung ist damit gegeben. Auch der subjektive Tatbestand liegt vor, da Frau Nebel mit Wissen und Wollen gehandelt hat. Die Tat war auch rechtswidrig, da Frau Nebel kein Rechtfertigungsgrund für ihr Handeln zur Seite steht. Insbesondere scheidet eine Notwehr ihrerseits gemäß § 32 StGB aus, da in dem Verhalten von Frau Schulz kein gegenwärtiger rechtswidriger Angriff im Sinne dieser Vorschrift zu erblicken ist. Frau Nebel hat darüber hinaus auch schuldhaft gehandelt[107].

Aufgabe 3:

Sorgen machen müssten Sie sich nur dann, wenn Sie sich strafbar gemacht hätten. In Betracht käme vorliegend der Tatbestand einer Körperverletzung gemäß § 223 I StGB. Der objektive Tatbestand einer Körperverletzung liegt vor, denn der Fausthieb in den Magen stellt eine üble, unangemessene Behandlung dar. Auch der subjektive Tatbestand liegt vor, da Sie um die Verwirklichung des objektiven Tatbestandes wussten und diese auch wollten. Jedoch ist die Tat gerechtfertigt. Ihnen steht der Rechtfertigungsgrund der Notwehr gemäß § 32 StGB zur Seite. Das Verhalten von Benjamin stellt einen gegenwärtigen rechtswidrigen Angriff im Sinne dieser Vorschrift dar. Sie haben sich somit nicht strafbar gemacht[108] und müssen sich daher auch keine Sorgen machen.

---

[106] *War der Täter zum Zeitpunkt der Begehung der Tat bereits 21 Jahre alt oder älter, so ist Erwachsenenstrafrecht anzuwenden.*

[107] *Wie Sie in dieser Situation Ihrer (Führungs-)Verantwortung gerecht werden, ist zwar ein interessanter Aspekt des Falles (insbesondere auch unter dem Blickwinkel des § 258 I StGB), jedoch war hiernach nicht gefragt. Beantworten Sie immer nur die Ihnen gestellte Fallfrage (in der Klausur ist allein dafür die Zeit im Allgemeinen schon immer knapp genug).*

[108] *Zum weiteren Prüfungspunkt „Schuld" gelangen Sie gar nicht mehr, weil bereits der Prüfungspunkt „Rechtswidrigkeit" zu verneinen ist.*

Aufgabe 4:

Benjamin hat Ihnen gegenüber den Tatbestand der Beleidigung gemäß § 185 StGB erfüllt. Dass er eventuell aufgrund der vorangegangenen Auseinandersetzung noch sehr erregt war, stellt keinen Rechtfertigungs- oder Entschuldigungsgrund im Sinne des Strafrechtes dar. Opfer der Beleidigung sind Sie.

Wotan ist weiterhin auch nicht Opfer einer Körperverletzung durch Benjamin geworden, da Opfer einer Körperverletzung nach § 223 StGB nur ein Mensch sein kann. Tiere sind im deutschen Recht keine Rechtssubjekte, daher kann Wotan keine „andere Person" sein[109]. Der Tritt von Benjamin, der Wotan eine stark blutende Platzwunde bescherte, ist strafrechtlich als Sachbeschädigung im Sinne des § 303 StGB zu werten. Das Opfer dieser Straftat sind Sie als Eigentümer/in des Hundes.

Wotan kann durch die Titulierung „Drecksköter" nicht zum Opfer einer Beleidigung werden, denn Tiere sind nach Maßgabe der §§ 185 ff. StGB nicht beleidigungsfähig, Opfer einer Beleidigung können nur Menschen sein.

Aufgabe 5:

Die Pflegekraft hat sich nicht strafbar gemacht. Zwar liegt der objektive Tatbestand eines Totschlages gemäß § 212 I StGB, der auch auf einem kausalen Handeln von Frau Engelskirchen (Verabreichung der Injektion) beruht. Jedoch fehlt es am subjektiven Tatbestand. Frau Engelskirchen hat um den Tod des Patienten als Folge ihres Handelns weder gewusst noch diesen gewollt.

Anders sieht dies im Hinblick auf den Arzt aus. Der Sachverhalt enthält keine Anhaltspunkte für das Vorliegen einer Tötung auf Verlangen nach § 216 StGB oder von Mordmerkmalen nach § 211 StGB. Daher kommt nur Totschlag gemäß § 212 I StGB in Form mittelbarer Täterschaft in Betracht. Gegenüber der Pflegekraft verfügte der Arzt über überlegenes Sachwissen. Zudem beherrschte er das Tatgeschehen, da das Pflegepersonal seinen Anweisungen Folge zu leisten hat.

Ergebnis: Herr Adler hat sich wegen Totschlags in mittelbarer Täterschaft (vgl. § 25 I 2. Alt. StGB) strafbar gemacht. Frau Engelskirchen hingegen verbleibt straflos.

Aufgabe 6:

Frau Peters hat sich wegen einer Tötung auf Verlangen gemäß § 216 I StGB strafbar gemacht. Sowohl der objektive als auch der subjektive Tatbestand liegen vor. Da das Rechtsgut „Leben" nicht disponibel (verfügbar) ist (anderenfalls gäbe es keinen Straftatbestand der Tötung auf Verlangen), kann Frau Peters auch nicht auf eine rechtfertigende Einwilligung seitens des Herrn Pein als Rechtfertigungsgrund verweisen. Ihr Handeln ist daher als rechtswidrig und darüber hinaus auch als schuldhaft zu bewerten.

Zu der vorsätzlichen rechtswidrigen Haupttat der Frau Peters hat Frau Angermann durch die Besorgung des Tatmittels Beihilfe geleistet. Ihre Strafe ist gemäß § 27 II S. 2 StGB zwingend zu mildern.

Aufgabe 7:

Zwar liegt hinsichtlich der erlangten Gegenstände (Handtasche und Flasche Kölnisch Wasser) der objektive und subjektive Tatbestand des Diebstahls nach § 242 I StGB vor.

---

[109] *Vergleichen Sie insofern den Wortlaut des § 223 I StGB.*

Auch steht Dustin kein Rechtfertigungsgrund zur Seite, sodass die Tat auch rechtswidrig war. Jedoch ist Dustin mit seinen 13 Jahren noch nicht strafmündig. Gemäß § 19 StGB ist er schuldunfähig.

Ergebnis: Dustin hat sich nicht strafbar gemacht.

Aufgabe 8:

Marvin hat sich wegen Diebstahls nach § 242 I StGB strafbar gemacht. Der objektive und subjektive Tatbestand dieses Deliktes liegen vor. Auch hat Marvin vorliegend rechtswidrig und schuldhaft gehandelt. Da Marvin bereits 22 Jahre alt ist, wird bezüglich seiner Person Erwachsenenstrafrecht angewandt.

Kevin ist Gehilfe hinsichtlich der Tat des Marvin. Da er aber erst 19 Jahre alt ist, muss gemäß §§ 1, 105 JGG geprüft werden, ob er noch nach Jugendstrafrecht oder nach Erwachsenenstrafrecht zu verurteilen ist. Nach den Angaben des Sachverhaltes wird allein das Jugendstrafrecht seinem aktuellen Entwicklungsstand gerecht[110]. Die Tat wird daher für Marvin und Kevin unterschiedliche Rechtsfolgen zeitigen (so könnte hier Kevin etwa mit Erziehungsmaßregeln „davonkommen").

Aufgabe 9:

Frage 1: Das Verletzen eines anderen Menschen mit einer Schere erfüllt den objektiven und subjektiven Tatbestand einer gefährlichen Körperverletzung nach den §§ 223 I, 224 I Nr. 2 2. Alt. StGB.

Frage 2: Das Gericht hat hier zwar den objektiven und subjektiven Tatbestand einer gefährlichen Körperverletzung angenommen. Auch steht der Täterin kein Rechtfertigungsgrund nach dem StGB zur Seite (die Verschaffung von Gewissheit, ob man von jemandem geliebt wird, ist weder Notwehr nach § 32 StGB noch handelt es sich hierbei um einen rechtfertigenden Notstand nach § 34 StGB). Jedoch hat das Gericht hier erkennbar eine Schuldunfähigkeit der Täterin aufgrund seelischer Störungen gemäß § 20 StGB angenommen. Diese seelische Störung muss bei der Täterin bereits zum Zeitpunkt der Tatbegehung (und nicht erst hinterher während des Gerichtsverfahrens) vorgelegen haben.

Frage 3: Die Täterin ist hier keiner Strafe unterworfen worden (da sie sich mangels Schuldfähigkeit nicht strafbar gemacht hat), sondern einer Maßregel der Besserung und Sicherung in Form der Unterbringung in einem psychiatrischen Krankenhaus gemäß § 63 StGB.

Aufgabe 10:

Ja, Rita Resolut hat sich wegen Körperverletzung strafbar gemacht. Der objektive und subjektive Tatbestand einer Körperverletzung liegen vor. Eine Rechtfertigung scheidet aus, da eine Einwilligung seitens des Herrn Nette erkennbar nicht vorlag. Das Handeln von Frau Resolut geschah daher auch rechtswidrig und schuldhaft.

Aufgabe 11:

Notwehr gemäß § 32 StGB kann immer nur gegen den gegenwärtigen rechtswidrigen Angriff eines Menschen geübt werden. Greift ein Tier (das rechtlich wie eine Sache

---

[110] *Wäre auch Kevin hier 22 Jahre alt, so wäre er ebenfalls nach Erwachsenenstrafrecht zu verurteilen.*

behandelt wird[111]) einen Menschen an, so kann hiergegen nicht Notwehr, sondern nur Notstand gemäß § 34 StGB geübt werden.

Aufgabe 12:

Prof. Brinkmann hat sich wegen Mordes gemäß §§ 212, 211 II 1. Gruppe 3. Alt. StGB[112] (Habgier) strafbar gemacht. In seiner Tat kommt ein Gewinnstreben um jeden Preis (auch um den Preis eines Menschenlebens) zum Ausdruck. Die Privilegierung des § 216 StGB (Tötung auf Verlangen) kann zu seinen Gunsten nicht eingreifen, da die Gesetzgeber für diesen Tatbestand vorgesehene Fallkonstellation hier nicht vorgelegen hat.

Aufgabe 13:

Damit eine Geldstrafe jeden unabhängig von seinen persönlichen Einkommensverhältnissen gleich trifft, wird die Geldstrafe nach Tagessätzen berechnet. Die Anzahl der Tagessätze richten sich dabei nach dem Ausmaß der Schuld und dem (tatsächlichen oder möglichen) Tätereinkommen. Das Mindestmaß der Geldstrafe beträgt 5, das Höchstmaß 360 volle Tagessätze[113]. Die Höhe eines Tagessatzes beträgt mindestens einen und höchstens 5000,00 Euro. Sowohl was die Anzahl, als auch was die Höhe des einzelnen Tagessatzes angeht, bewegt sich das Gericht hier daher im unteren Rahmen. Es müssen insgesamt 150,00 Euro als Geldstrafe für den Diebstahl bezahlt werden.

Aufgabe 14:

Rechtsquelle des (materiellen) Strafrechts ist in erster Linie das Strafgesetzbuch (StGB). Daneben finden sich aber auch noch Straftatbestände in einigen anderen Gesetzen, beispielsweise im Waffengesetz, Betäubungsmittelgesetz oder im Straßenverkehrsgesetz (z. B. Fahren ohne Führerschein). Dies nennt man das sogenannte Nebenstrafrecht.

Aufgabe 15:

Beide Jugendlichen haben das 14. Lebensjahr vollendet und können deshalb grundsätzlich für ihr Tun strafrechtlich zur Verantwortung gezogen werden.

Durch das Einstecken in die Tasche hat Marko den objektiven und subjektiven Tatbestand eines Diebstahls erfüllt. Hierfür ist nicht erforderlich, dass die Beute durch Verlassen des Kassenbereiches gesichert ist[114]. Es reicht vielmehr, die Begründung einer Gewahrsamsenklave (Einbringen des Gegenstandes in den persönlichen Herrschaftsbereich, z. B. Jacken- oder Hosentasche), damit man von einer Wegnahme und somit von einem vollendeten Diebstahl sprechen kann[115]. Einen Rechtfertigungsgrund für sein Handeln hat Marko auch nicht (insbesondere ist er nicht von Jürgen mit Gewalt oder unter Androhung von Gewalt zu seiner Tat gezwungen worden). Jedoch handelte Marko nicht schuldhaft[116]. Marko hat sich daher nicht strafbar gemacht.

---

[111] *vgl. § 90a BGB*

[112] *Die Rechtsprechung fasst im Gegensatz zur juristischen Literatur den Mordtatbestand als eigenständigen Tatbestand und nicht als Qualifikation zum Totschlag auf. Sie können aber durchaus in Ihrer Bearbeitung den § 212 StGB mitzitieren.*

[113] *vgl. § 40 StGB*

[114] *sogenannte Beendigung des strafbaren Handelns*

[115] *Das Versuchsstadium war also nur bis zu einem „Schweben" des Gerätes ein paar Zentimeter vor der Jackentasche gegeben.*

[116] *vgl. § 20 StGB*

Jürgen hat zwar nicht selbst gehandelt. Jedoch hat er seine überlegene Stellung Marko gegenüber ausgenutzt und benutzt diesen als eine Art „menschliches Werkzeug". Dies ist eine der typischen Konstellationen der mittelbaren Täterschaft. Jürgen hat hier eine Straftat (einen Diebstahl nach § 242 I StGB) durch einen anderen (nämlich Marko) begangen (vgl. § 25 I 2. Alt. StGB). Jürgen selbst handelte auch schuldhaft, da er im Gegensatz zu Marko zwischen Recht und Unrecht unterscheiden kann.

10.9 Lösungen zu Heilerziehungspflegern als Arbeitnehmer (zu Kapitel 8.1)

Aufgabe 1:

Die von Frau Möller zu leistende Arbeit ist im Arbeitsvertrag nur sehr allgemein umrissen. Daher darf der Arbeitgeber diese im Wege seines Direktionsrechtes nach § 106 GewO konkretisieren. Allerdings konkretisiert der Arbeitgeber im hier vorliegenden Fall nicht die Tätigkeit auf bestimmte heilerziehungspflegerische Aufgaben. Vielmehr muss hier Frau Möller die Aufgaben einer Verwaltungs- bzw. Reinigungskraft übernehmen, die aber nicht Bestandteil einer arbeitsvertraglichen Regelung zwischen den Parteien sind. Die Ausübung des Direktionsrechtes in der beschriebenen Weise ist daher rechtlich nicht zulässig[117].

Aufgabe 2:

Frage 1: Eine arbeitsvertragliche Rückzahlungsklausel muss ausdrücklich und hinreichend eindeutig sein. In ihr müssen die Voraussetzungen und der Zeitraum für die Bindung des Arbeitnehmers festgelegt sein. Hier sieht Frau Waffenschmieds Arbeitsvertrag klar vor, dass diese das Weihnachtsgeld zurückzahlen muss, wenn sie vor dem 31.03. des Folgejahres aus dem Arbeitsverhältnis ausscheidet. Die Rückzahlungsklausel darf allerdings darüber hinaus den Arbeitnehmer nicht in seiner durch Art. 12 I GG garantierten freien Berufsausübung behindern. Ob eine derartige unzulässige Einschränkung der freien Berufsausübung vorliegt, hängt zum einen von der Dauer des Bindungszeitraumes und zum anderen von der Höhe der gezahlten Gratifikation ab. In ständiger Rechtsprechung wird dabei vom BAG vertreten, dass eine am Jahresende zu zahlende Gratifikation, die über 100,00 Euro, aber unter einem Monatsgehalt liegt, den Arbeitnehmer bis zum Ablauf des 31.03. des Folgejahres binden darf. Eine längere Bindung soll nur dann zulässig sein, wenn der Betrag bei einem Monatsgehalt oder höher liegt[118]. Frau Waffenschmidt erhält hier ein Weihnachtsgeld in Höhe von 250,00 Euro bei einem Monatseinkommen von 1500,00 Euro. Die Rückzahlungsklausel mit einer Bindung bis zum 31.03. ist somit zulässig.

Frage 2: Bei der hier vorliegenden Gratifikation von unter 100,00 Euro ist eine Rückzahlungsklausel nach der Rechtsprechung des BAG unzulässig, weil sie die Arbeitnehmer unangemessen benachteiligt. Mit dieser Bagatelluntergrenze trägt das Gericht dem Umstand Rechnung, dass Kleinbeträge schnell und leicht verbraucht werden.

---

[117] *Der Verein hätte daher nur die Möglichkeit, gegenüber Frau Möller eine Änderungskündigung auszusprechen. Anderenfalls müsste er Frau Möller zumindest zum überwiegenden Teil wieder mit den Aufgaben einer Heilerziehungspflegerin betrauen und für die nicht originär heilerziehungspflegerischen Aufgaben müssten sachliche Gründe bestehen.*

[118] *BAG, Urteil vom 21.05.2003, 10 AZR 390/02 – NZA 2003, 1032*

Aufgabe 3:

a. Frau Schmitz neigte zu übertriebenen Alkoholgenuss.

b. Frau Wermelskirchens Leistungen haben die Schulnote „eins" verdient.

c. Herr Korinthe war ein Bürokrat ohne eigene Initiative.

d. Frau Kaltwasser hat sich zwar angestrengt, aber nichts geleistet (Schulnote „sechs").

e. Herr Neumann suchte im Betrieb nach sexuellen Kontakten.

Aufgabe 4:

Die Kündigung ist nach den Angaben im Sachverhalt sowohl in der erforderlichen Schriftform (§ 623 BGB) als auch fristgerecht (einen Monat zum Ende des Kalendermonats gemäß § 622 II Nr.1 BGB) erfolgt. Da der Verein mit 30 Mitarbeitern auch mindestens 11 Mitarbeiter beschäftigt und das Arbeitsverhältnis mit Herrn Hahnfuß auch schon länger als sechs Monate rechtlichen Bestand hat (vgl. §§ 1, 23 KSchG), ist hier sowohl der sachliche als auch der persönliche Anwendungsbereich des Kündigungsschutzgesetzes eröffnet. Herr Hahnfuß genießt demgemäß allgemeinen Kündigungsschutz, sodass sein Arbeitgeber einen der § 1 II S. 1 KSchG abschließenden normierten Kündigungsgründe[119] braucht, um ihm im vorliegenden Fall kündigen zu können. In Betracht kommt allein eine verhaltensbedingte Kündigung. Da eine Kündigung das letzte Mittel ist, hat das BAG entschieden, dass eine verhaltensbedingte Kündigung in der Regel erst nach einer Abmahnung ausgesprochen werden kann. Mit der Abmahnung soll dem Arbeitnehmer die Möglichkeit gegeben werden, sein Verhalten künftig zu ändern und sich wieder vertragsgemäß zu verhalten.

Eine Abmahnung erscheint im vorliegenden Fall indessen nicht erforderlich, denn Herr Hahnfuß hat bereits erkennen lassen, dass er sein Verhalten nicht ändern wird. Seine Kündigung ist auch unter Abwägung beider Interessen gerechtfertigt, denn das Verhalten von Herrn Hahnfuß stört nachhaltig den Betriebsfrieden.

Merksatz
Vor dem Ausspruch einer verhaltensbedingten Kündigung hat in der Regel eine Abmahnung durch den Arbeitgeber zu erfolgen.

Aufgabe 5:

Da das Kündigungsschutzgesetz Anwendung findet, braucht Frau Unruhs Arbeitgeber einen der drei Kündigungsgründe des § 1 II S. 1 KSchG, damit er eine rechtswirksame Kündigung aussprechen kann. In Betracht kommt vorliegend der Kündigungsgrund der verhaltensbedingten Kündigung. Fraglich erscheint im Fall der Frau Unruh, ob ihr ihr Arbeitgeber nicht ohne das nochmalige Aussprechen einer Abmahnung ordentlich verhaltensbedingt kündigen kann. Fraglich erscheint dies deshalb, weil Frau Unruh zwar bereits mehrfach Abmahnungen wegen einer stets gleichartigen Pflichtverletzung (ihr Unpünktlichsein) erhalten hat, diesen aber keine weiteren Konsequenzen folgten. Nach der Rechtsprechung des BAG kann in derartigen Fällen die Warnfunktion einer Abmahnung abschwächen[120]. Jedoch ist das Schreiben mit „LETZTMALIGE ABMAHNUNG" überschrieben. Zumindest von diesem Schreiben geht daher neben der Rüge- auch

---

[119] personen-, verhaltens- oder betriebsbedingt
[120] BAG - NZA 2002, 968

eine Warnfunktion aus. Frau Unruh sollte also umgehend an ihrer Selbstorganisation zu arbeiten beginnen. Denn sollte sie nun noch einmal zu spät kommen, kann ihr ihr Arbeitgeber wirksam (verhaltensbedingt) ordentlich kündigen.

Aufgabe 6:

Als Arbeitgeberin tritt hier mit der Kirche ein sogenannter Tendenzbetrieb auf den Plan. Der Kirche kommt ein Selbstverwaltungsrecht zu. Hiernach kann sie die wesentlichen Grundsätze der Glaubensgemeinschaft bestimmen und die Beachtung dieser Grundsätze kann sie auch den in ihren Diensten tätigen Arbeitnehmern vorschreiben. Lebensnah ist davon auszugehen, dass sich Herr Feurig in dem seinerzeit von ihm abgeschlossenen Arbeitsvertrag verpflichtet hat, seine Lebensführung insgesamt den wesentlichen Grundsätzen der Glaubensgemeinschaft zu unterwerfen. Wenn der Arbeitnehmer sich nicht an seine diesbezüglich vertraglich übernommene Verpflichtung hält, so kann die Arbeitgeberin ihm kündigen. Bei einem gravierenden Verstoß des Arbeitnehmers gegen die wesentlichen Grundsätze der Gemeinschaft kann sie sogar die außerordentliche Kündigung aussprechen, denn die Glaubwürdigkeit der Kirche und ihres Verkündungsauftrages hängt auch davon ab, wie sich ihr Personal in den Augen anderer darstellt. Solange sich die Kirche dabei nicht ihrerseits in Widerspruch zu den Grundsätzen der staatlichen Rechtsordnung begibt oder willkürlich handelt, sind daher die staatlichen Arbeitsgerichte an die Entscheidung der Kirche (hier etwa Beendigung des Arbeitsverhältnisses durch Ausspruch einer Kündigung) gebunden. In beiden christlichen Konfessionen wird der Ehe ein hoher Stellenwert beigemessen. Da die Ehe von Herrn Feurig nach wie vor besteht, stellt sein Verhalten einen Ehebruch dar. Dies ist ein Verstoß gegen die wesentlichen Grundsätze der Glaubensgemeinschaft, zu deren Einhaltung sich Herr Feurig seinerzeit durch seine Willenserklärung bei Abschluss eines Arbeitsvertrages (als Unterfall des Dienstvertrages gemäß § 611 BGB) rechtswirksam verpflichtet hat. Herr Feurig muss demnach mit einer rechtswirksamen Kündigung seiner Arbeitgeberin rechnen (insbesondere auch, weil er eine Verhaltensänderung schlichtweg ablehnt[121]).

Aufgabe 7:

Ich könnte Frau Faulhaber raten, die beabsichtigte Kürzung zu akzeptieren oder dagegen vorzugehen. Dafür muss ich aber zunächst einmal prüfen, ob die von dem Geschäftsführer geäußerte Rechtsansicht jeglicher Grundlage entbehrt oder eben nicht. Dabei muss ich neben den gesetzlichen Vorgaben insbesondere auch die Rechtsprechung des Bundesarbeitsgerichtes (BAG) im Auge behalten, da dieses auf dem Gebiet des Arbeitsrechtes rechtsfortbildend tätig ist.

Frau Faulhaber könnte gegen die Behindertenhilfe Weststadt g GmbH einen Anspruch auf Lohnfortzahlung für die Dauer von drei Wochen aus § 3 I S. 1 EFZG haben.

Im Arbeitsrecht gilt der Grundsatz „ohne Arbeit kein Lohn“. Frau Faulhaber ist hier infolge ihres Sportunfalls arbeitsunfähig. Zu ihren Gunsten könnte aber die gesetzlich normierte Ausnahme des § 3 I S. 1 EFZG greifen.

Fraglich erscheint jedoch, ob der Lohnfortzahlungsanspruch etwa deswegen entfällt, weil Frau Faulhaber keine ausreichende Arbeitsunfähigkeitsbescheinigung vorgelegt hat.

---

[121] *vgl. dazu bereits oben Aufgabe 4*

Aber zum einen führt ein Verstoß gegen § 5 I 2 EFZG ohnehin nur zu einem vorübergehenden Leistungsverweigerungsrecht im Sinne von § 7 I Nr. 1 EFZG. Zum anderen kann eine Arbeitsunfähigkeitsbescheinigung von jedem Arzt ausgestellt werden. Ihr kommt nach ständiger Rechtsprechung ein hoher Beweiswert zu[122]. Bedenken sind hier daher nicht einfach damit zu begründen, dass die die Bescheinung ausstellende Ärztin eine Kusine von Frau Faulhaber ist.

Frau Faulhaber hat demnach ihrem Arbeitgeber eine ausreichende Arbeitsunfähigkeitsbescheinigung vorgelegt.

Auch ist die erforderliche vierwöchige Wartefrist des § 3 III EFZG nach den Angaben im Sachverhalt (das Arbeitsverhältnis hat bereits seit vier Jahren Bestand) erfüllt. Auch ist die Höchstdauer der Lohnfortzahlung bei einer Krankschreibung für „lediglich" drei Wochen noch nicht erreicht. Ein Bänderriss ist auch eine Krankheit im Sinne der Vorschrift. Fraglich erscheint aber, ob im vorliegenden Fall auch die Voraussetzung „ohne Verschulden" gegeben ist. Dabei ist unter Verschulden allerdings nicht ein solches im Sinne des § 276 BGB (Vorsatz und Fahrlässigkeit) zu verstehen. Eine verschuldete Krankheit liegt nach der Definition der Rechtsprechung vielmehr erst bei einem gröblichen Verstoß gegen das von einem verständigen Arbeitnehmer im eigenen Interesse zu erwartende Verhalten vor (sogenanntes Verschulden gegen sich selbst). Von einer verständigen Arbeitnehmerin durfte erwartet werden, dass sie, wenn sie das Spiel schon nicht infolge der Bänderdehnung abbricht (was vertretbar ist, Frau Faulhaber ist schließlich keine Ärztin und die Bänderdehnung war nach ihren Angaben nur geringfügig), nicht im bereits „angeschlagenen Zustand" noch unnötigen Risiken eingeht. Dies hat Frau Faulhaber indessen mit der besonders gefährlichen (und deshalb als regelwidriges schweres Foul gebrandmarkten) sogenannten „Blutgrätsche" getan. Ein Verschulden gegen sich selbst liegt damit vor. Die Krankheit war demnach nicht unverschuldet im Sinne des § 3 I S. 1 EFZG.

Ergebnis: Frau Faulhaber hat gegen die Behindertenhilfe Weststadt g GmbH keinen Anspruch auf Lohnfortzahlung aus § 3 I S. 1 EFZG für die Dauer von drei Wochen. Die vorgesehene Kürzung des Lohnes ist daher entsprechend dem Grundsatz „ohne Arbeit kein Lohn" rechtens. Ich werde Frau Faulhaber daher raten, die Kürzung zu akzeptieren, da ein Vorgehen hiergegen aussichtslos ist.

Aufgabe 8:

Frage 1: Die Kündigung ist eine einseitige, empfangsbedürftige Willenserklärung, die bei ihrer Wirksamkeit zu einer Beendigung des Arbeitsverhältnisses als Dauerschuldverhältnis führt. Hier ist die Kündigung zugegangen und genügt auch dem Schriftformerfordernis des § 623 BGB. Auch ist die nach § 622 Abs. 2 Nr. 1 BGB einschlägige Kündigungsfrist von sechs Monaten vorliegend eingehalten worden. Die nach § 102 I BetrVG erforderliche Anhörung ist ebenfalls eingehalten worden[123]. Sowohl die persönliche (Arbeitsverhältnis hat länger als sechs Monate Bestand) als auch die sachliche (erforderliche Mitarbeiteranzahl ist überschritten) Voraussetzung für die Anwendbarkeit des KSchG ist im Fall des Herrn Heesters gegeben. Herr Heesters genießt daher allgemeinen Kündigungsschutz nach dem KSchG. Dies bedeutet, dass die Arbeitgeberin hier eines Kündigungsgrundes für die von ihr ausgesprochene ordentliche Kündigung bedarf. Die drei möglichen Kündigungsgründe sind abschließend in § 1 II KSchG aufgezählt. Jedoch ist der Kündigungsgrund in Form

---

[122] *vgl. BAG DB 1997, S. 1235*

[123] *Erforderlich ist lediglich die Anhörung, nicht aber die Zustimmung des Betriebsrates.*

einer betriebsbedingten Kündigung - wenn auch aus guter Absicht – nur vorgeschoben. Die Kündigung des Herrn Heesters ist daher sozial ungerechtfertigt und somit nicht rechtswirksam.

Frage 2: Der g GmbH hätte noch die Möglichkeit offen gestanden, Herrn Heesters außerordentlich gemäß § 626 I BGB zu kündigen. Zwar ist für eine außerordentliche Kündigung nach dem Wortlaut des § 626 I BGB (immer) ein wichtiger Grund erforderlich. Jedoch kann man einen solchen hier vorliegend bejahen. Durch seine Bemerkungen hat Herr Heesters das Vertrauensverhältnis zwischen ihm und der g GmbH nachhaltig gestört. Es wäre der g GmbH nicht zuzumuten gewesen, den nächstmöglichen Termin einer ordentlichen Kündigung abzuwarten. Denn Herr Heesters hat durch seine Äußerungen klar gemacht, dass er die ihm anvertrauten Menschen nicht als solche ansieht. Eine derartige Einstellung ist in der Behindertenarbeit für Arbeitgeber untragbar. Dies gilt umso mehr, als die Kündigungsfrist aufgrund der langjährigen Zugehörigkeit des Herrn Heesters zu der Einrichtung hier sehr lang bemessen war.

Aufgabe 9:

Frage 1: Die Kündigungsfrist für die Mitarbeiterin, deren Arbeitsverhältnis bereits seit fünf Jahren besteht, beträgt gemäß § 622 II Nr. 2 BGB zwei Monate zum Ende eines Kalendermonats.

Frage 2: Beide Mitarbeiterinnen genießen keinen allgemeinen Kündigungsschutz. Dieser besteht darin, dass der Arbeitgeber (hier: der eingetragene Verein) einen der Kündigungsgründe des § 1 II 1 KSchG für sich ins Feld führen können muss. Dies muss der Verein hier indessen nicht, denn es ist zwar die persönliche Voraussetzung des § 1 I KSchG für die Anwendbarkeit des Kündigungsschutzgesetzes erfüllt (beide Arbeitsverhältnisse haben bereits länger als sechs Monate bestanden), es fehlt jedoch an der sachlichen Voraussetzung des § 23 KSchG. Für die Anwendbarkeit des Gesetzes wäre kumulativ erforderlich, dass elf oder mehr Mitarbeiter beschäftigt würden[124]. Hier sind zwar elf Personen beschäftigt, jedoch zählen die beiden Teilzeitkräfte gemäß § 23 I S. 4 KSchG jeweils nur mit 0,5. Somit ist die Zahl der beschäftigten Arbeitnehmer nach § 23 I S. 2 und 3 KSchG mit „zehn" festzustellen.

Merksatz
Lesen Sie Paragraphen immer bis zu Ende.

Jedoch genießt die Teilzeitkraft, die wie Sie Betriebsratsmitglied tätig ist, aufgrund dieser Tätigkeit den besonderen Kündigungsschutz für Betriebsratsmitglieder. Eine ordentliche Kündigung von Betriebsratsmitgliedern ist dem Arbeitgeber weder während ihrer Amtszeit noch innerhalb eines Jahres nach der Beendigung ihrer Amtszeit möglich[125]. Ihre außerordentliche Kündigung ist zwar möglich, bedarf jedoch nach § 103 I BetrVG der Zustimmung des Betriebsrates. Der Betriebsrat könnte hier also seine Zustimmung verweigern und so eine der beiden vonseiten des Arbeitgebers geplanten Kündigungen verhindern.

Frage 3: Die Kündigung der Mitarbeiterin, die nicht Betriebsratsmitglied ist, kann der Betriebsrat durch die Verweigerung seiner Zustimmung nicht rechtswirksam verhindern. Der Arbeitgeber muss „nur" die im Rahmen von Aufgabe 1 herausgearbeitete

---

[124] § 23 I S. 2 KSchG
[125] vgl. § 15 I KSchG

Kündigungsfrist einhalten und die Kündigung muss als einseitige, empfangsbedürftige Willenserklärung der Mitarbeiterin zugehen. Der Zugang einer Willenserklärung ist dann zu bejahen, wenn diese derart in den Machtbereich des Empfängers gelangt ist, dass dieser unter gewöhnlichen Umständen von ihrem Inhalt Kenntnis nehmen kann[126]. Zudem ist die Schriftform der Kündigung nach § 623 BGB zu beachten[127].

Die Kündigung der Mitarbeiterin, die Betriebsratsmitglied ist, kann der Betriebsrat demgegenüber gemäß § 103 I BetrVG durch Verweigerung seiner nach dieser Vorschrift zur Rechtswirksamkeit der Kündigung erforderlichen Zustimmung verweigern. Dies kollidiert allerdings mit der unternehmerischen Freiheit des Arbeitgebers. Daher steht diesem nach § 103 II S.1 BetrVG bei Verweigerung der Zustimmung durch den Betriebsrat die Möglichkeit offen, beim Arbeitsgericht einen Antrag auf Ersetzung der Zustimmung durch gerichtliche Entscheidung zu stellen. In diesem Verfahren vor dem Arbeitsgericht wäre die betroffene Mitarbeiterin Beteiligte, sodass das Gericht auch ihr rechtliches Gehör zu schenken hat. Nach den Umständen des Falles erscheint eine Zustimmung des Arbeitsgerichtes zum Ausspruch einer außerordentlichen Kündigung als wahrscheinlich.

Gemäß § 626 I BGB ist im Fall einer außerordentlichen Kündigung immer das Vorliegen eines wichtigen Grundes erforderlich. Der eigenmächtige Urlaubsantritt wie er im vorliegenden Fall stattgefunden hat, ist jedoch eine der typischen Fallgruppen[128], in denen die außerordentliche Kündigung vonseiten der Rechtsprechung regelmäßig als wirksam erachtet wird.

Aufgabe 10:

Beim Abschluss eines Arbeitsvertrages stehen sich das Interesse des Arbeitgebers, der möglichst viel über die Person des potentiellen zukünftigen Mitarbeiters in Erfahrung zu bringen wünscht und das Interesse des Bewerbers, seine persönlichen Belange nicht einer ihm fremden Person zu offenbaren, gegenüber. Dieses Interesse des Arbeitnehmers wird durch Art. 1 I GG sowie Art. 2 I GG geschützt. Dem Arbeitgeber kommt demnach nur dann ein Fragerecht nach persönlichen Belangen des Bewerbers zu, wenn diese von Interesse für die zu vergebende Position sind. Dies war nach den Umständen des Falles (schwieriger persönlicher Umgang mit den anvertrauten Klienten) der Fall. Herr Pittermann hätte daher nicht lügen dürfen, da es sich bei der Frage nach der Vorstrafe nicht um eine unzulässige Einstellungsfrage gehandelt hat[129].

Die g GmbH könnte den Vertrag mit Herrn Pittermann nach § 119 II BGB (Irrtum über die Eigenschaft einer Person) und/oder wegen arglistiger Täuschung nach § 123 I BGB anfechten. Die g GmbH müsste daher gegenüber Herrn Pittermann durch Frau Bona die Anfechtung des Arbeitsvertrages erklären.

---

[126] *Um hier späteren Beweisproblemen aus dem Weg zu gehen, hat es sich – zumindest bei größeren Betrieben mit eigener Personalabteilung – eingebürgert, dem Arbeitnehmer die Kündigung direkt im Betrieb zu übergeben und sich den Empfang sofort mittels eines vorbereiteten Schriftstücks quittieren zu lassen.*

[127] *Achtung! Der Arbeitsvertrag selbst bedarf keiner Schriftform. Es reicht wie immer das Vorliegen zweier übereinstimmender Willenserklärungen zum Vertragsschluss. In der Praxis hat sich jedoch außer in einigen Branchen (z. B. in der Gastronomie) die Schriftform zu nahezu 100 Prozent als übliche Gepflogenheit durchgesetzt. Zudem ist mit dem NachweisG de facto eine Annäherung an die Schriftform erfolgt.*

[128] *Auch für den Fall, dass der Arbeitnehmer im Betrieb Straftaten begeht oder in den Fällen einer „angekündigten" Krankheit seitens des Arbeitnehmers „winkt" die Rechtsprechung die außerordentliche Kündigung regelmäßig „durch".*

[129] *andere Ansicht bei guter Begründung vertretbar*

Aufgabe 11:

Das BAG geht bei seiner Überprüfung betriebsbedingter Kündigung vom Grundsatz der freien unternehmerischen Entscheidung aus. Dies bedeutet, dass die Arbeitsgerichte organisatorische, technische und wirtschaftliche Entscheidungen des Unternehmers nur in einem sehr eingeschränkten Umfang überprüfen. Diese Entscheidungen unterliegen nur der gerichtlichen Kontrolle dahingehend, ob die Maßnahme (hier Schließung des Betriebsteils der stationären Pflege) offensichtlich unsachlich oder willkürlich ist. Dies erscheint nach den im Sachverhalt geschilderten Umständen nicht der Fall.

Fraglich erscheint indessen, ob hier eine korrekte Sozialauswahl seitens der Arbeitgeberin vorgenommen worden ist. Frau Angermann wäre mit den anderen examinierten Pflegekräften zu vergleichen gewesen. Als nächstes hätte ein Vergleich dieses Personenkreises anhand der einzelnen Auswahlkriterien des § 1 III KSchG vorgenommen werden müssen. Dies sind die Dauer der Betriebszugehörigkeit, das Lebensalter und die Unterhaltspflichten[130]. Die Arbeitnehmer müssen hinsichtlich ihrer sozialen Schutzbedürftigkeit unter Auswertung der entsprechenden Daten miteinander verglichen werden. Meistens geschieht dies in der betrieblichen Praxis durch die Verwendung eines Punktessystems. Nach den im Sachverhalt enthaltenen Angaben (jahrzehntelange Betriebszugehörigkeit, fortgeschrittenes Lebensalter, Unterhaltsverpflichtungen) ist die soziale Schutzbedürftigkeit von Frau Angermann besonders hoch.

Frau Angermann hat gemäß den §§ 4, 7 KSchG nur drei Wochen nach dem Zugang der Kündigung Zeit, Kündigungsschutzklage beim Arbeitsgericht zu erheben. Verpasst sie schuldhaft diese Frist, so greift die sogenannte materielle Präklusion des § 7 KSchG. Demnach gilt die Kündigung (sei sie auch noch sehr sozial ungerechtfertigt) als (rechts) wirksam. Das Gericht wird demnach nach Ablauf der Frist Frau Angermanns Argumenten kein Gehör mehr schenken. Eine nach Ablauf der Drei-Wochen-Frist seitens von Frau Angermann erhobene Klage wäre daher eventuell zwar zulässig, aber immer unbegründet. Sie würde mit ihrer Klage daher scheitern. Diese würde vom Gericht abgewiesen werden.

Frau Angermann kann daher nur dringend geraten werden, gegen ihre Kündigung gerichtlich vorzugehen.

Merksatz
Greift erst einmal die materielle Präklusion, so hat man nicht mehr Rechtsschutz als ein Hühnchen oder ein Hähnchen (also keinen)!

Aufgabe 12:

Frau Krämer könnte gegen die g GmbH einen Anspruch auf Lohnzahlung in Höhe des im Arbeitsvertrag Vereinbarten gemäß § 611 I BGB auch über den 31.12.2009 hinaus haben.

Dafür müsste der Arbeitsvertrag, der zwischen den beiden geschlossen wurde, auch über den 31.12.2009 hinaus Bestand haben. Das Arbeitsverhältnis könnte aber durch die von der g GmbH Mitte September 2009 ausgesprochene Kündigung mit

---

[130] Ein weiteres Kriterium wäre noch die Schwerbehinderung des Arbeitnehmers. Mangels entsprechender Angaben im Sachverhalt ist allerdings zu unterstellen, dass Frau Angermann nicht schwerbehindert ist.

Wirkung zum 31.12.2009 sein Ende gefunden haben. Da die Kündigung unter Einhaltung einer Frist ausgesprochen wurde, handelt es sich vorliegend um den Fall einer ordentlichen Kündigung. Die Kündigung ist eine einseitige, empfangsbedürftige Willenserklärung, welche der Schriftform bedarf (§ 623 S. 1 BGB). Laut den Angaben im Sachverhalt wurde die Schriftform eingehalten und die Kündigung ist Frau Krämer auch zugegangen.

Da die Vorgaben der §§ 1, 23 KSchG nach den Angaben im Sachverhalt erfüllt sind, genießt Frau Krämer allgemeinen Kündigungsschutz. Die g GmbH als ihre Arbeitgeberin braucht daher einen Kündigungsgrund. Welcher dies sein kann, ist abschließend in § 1 II KSchG normiert.

Hier könnte die Arbeitnehmerin rechtswirksam eine personenbedingte Kündigung in Form des Unterfalls einer krankheitsbedingten Kündigung im Sinne des § 1 II S.1 KSchG erhalten haben.

Das BAG hat im Laufe der Zeit hierzu ein dreistufiges Prüfungsschema entwickelt. Danach bedarf es erstens einer negativen Prognose hinsichtlich des künftigen Gesundheitszustandes. Es müssen zum Zeitpunkt der Kündigung objektive Tatsachen vorliegen, die die Besorgnis weiterer Erkrankungen rechtfertigen. Häufige Kurzerkrankungen in der Vergangenheit können dabei für eine entsprechende künftige Entwicklung des Krankheitsbildes sprechen. Liegen entsprechende Indizien vor, muss der Arbeitnehmer gegebenenfalls die behandelnden Ärzte von der Schweigepflicht entbinden, um seine alsbaldige Genesung zu belegen. Hier deuten die bisherige Entwicklung sowie das ärztliche Gutachten darauf hin, dass Frau Krämer auch in Zukunft wiederholt ausfallen wird.

Zweitens müssen die prognostizierten Fehlzeiten zu einer erheblichen Beeinträchtigung der betrieblichen Interessen führen. Dies können neben Betriebsablaufstörungen auch erhebliche wirtschaftliche Belastungen des Arbeitgebers durch Entgeltfortzahlungen sein, weil das Arbeitsverhältnis als Austauschverhältnis hierdurch auf unbestimmte Zeit ganz erheblich gestört wird. Als erheblich sind solche Belastungen dann anzusehen, wenn der Arbeitgeber pro Jahr voraussichtlich für einen Zeitraum von jeweils mehr als sechs Wochen entsprechende Kosten aufzuwenden hat. Auch dies kann hier nach den Umständen des Falles angenommen werden.

Drittens und letztens ist eine umfassende Interessenabwägung erforderlich, bei der es unter anderem darauf ankommt, ob die Erkrankungen auf betriebliche Ursachen zurückzuführen sind und wie lange das Arbeitverhältnis bereits ungestört verlaufen ist. Zwar besteht das Arbeitsverhältnis hier schon bereits über acht Jahre und verlief auch die ersten Jahre störungsfrei. Jedoch wirkt sich das häufige Fehlen negativ auf den Betriebsfrieden aus.

Im vorliegenden Fall erscheinen die künftig zu erwartenden Störungen des Arbeitsverhältnisses so gewichtig, dass das Interesse des Arbeitgebers an der Beendigung des Arbeitsverhältnisses das Interesse von Frau Krämer an seinem Fortbestand überwiegt.

<u>Ergebnis</u>: Die krankheitsbedingte Kündigung von Frau Krämer ist wirksam. Sie hat daher keinen Anspruch auf Lohnzahlung gegen die g GmbH über den 31.12.2009 hinaus.

Aufgabe 13:

Eine Rückzahlungsklausel muss ausdrücklich und hinreichend eindeutig sein. In ihr müssen die Voraussetzungen und der Zeitraum für die Bindung des Arbeitnehmers festgelegt sein. Hier sieht der Arbeitsvertrag des Herrn Elster klar vor, dass dieser das Weihnachtsgeld zurückzahlen muss, wenn er vor dem 31.3. des Folgejahres aus dem Arbeitsverhältnis ausscheidet.

Für den Entgeltcharakter dieser Zahlung spricht, dass im Arbeitsvertrag steht, die Zahlung erfolge als Anerkennung für die Arbeitsleistung von Herrn Elster. Gegen einen reinen Entgeltcharakter lässt sich demgegenüber anführen, dass eine Stichtagsklausel besteht. Demnach soll hier mit der Zahlung also auch eine Betriebstreue belohnt werden.

Es handelt sich daher um eine Sondervergütung mit Mischcharakter. Somit hat sich Herr Elster die Zuwendung auch nicht bereits durch seine bereits im Vorjahr erbrachte Arbeitsleistung verdient. Eine derartige Rückzahlungsklausel ist grundsätzlich zulässig. Sie darf aber den Arbeitnehmer nicht in seiner durch Art. 12 I GG garantierten Berufsausübung behindern.

Ob eine unzulässige Einschränkung der freien Berufsausübung vorliegt, hängt zum einen von der Dauer des Bindungszeitraumes, zum anderen von der Höhe der gezahlten Gratifikation ab. In ständiger Rechtsprechung wird dabei vom BAG vertreten, dass eine am Jahresende zu zahlende Gratifikation, die über 100,00 Euro, aber unter einem Monatsgehalt liegt, den Arbeitnehmer bis zum Ablauf des 31.03. des Folgejahres binden darf. Eine längere Bindung soll nur dann zulässig sein, wenn der Betrag bei einem Monatsgehalt oder höher liegt. Herr Elster erhält hier ein Weihnachtsgeld in Höhe von 500,00 Euro bei einem Monatseinkommen von 1700,00 Euro.

Die Rückzahlungsklausel mit einer Bindung bis zum 31.03. ist somit zulässig.

Aufgabe 14:

Zwar muss der Schuldner (hier: Frau Paulsen) gemäß § 276 BGB Vorsatz und (auch die leichteste) Fahrlässigkeit vertreten. Diese Vorschrift hat das BAG aber für den Bereich des Arbeitsrechts durch die sogenannten Grundsätze des innerbetrieblichen Schadensausgleiches im Wege der von ihm vorgenommenen Rechtsfortbildung modifiziert[131]. Im Bereich leichter Fahrlässigkeit haftet der Arbeitnehmer demnach grundsätzlich seinem Arbeitgeber gegenüber nicht.

Daher wäre ein Abzug für den Schaden seitens der g GmbH nicht rechtens.

Aufgabe 15:

Es gibt das einfache und das qualifizierte Arbeitszeugnis. Das einfache Arbeitszeugnis enthält neben persönlichen Angaben und dem Beruf des Arbeitnehmers nur die Art und die Dauer der Beschäftigung. Ein qualifiziertes Arbeitszeugnis enthält daneben noch die Bewertungen der Leistungen und des Sozialverhaltens des Arbeitnehmers. Die in Aufgabe 3 enthaltenen Zeugnisangaben entstammen daher sämtlich qualifizierten Arbeitszeugnissen.

---

[131] *Getreu der nicht von der Hand zu weisenden Tatsache: wer arbeitet, macht nun einmal Fehler.*

10.10 Lösungen zu Arbeitnehmern mit Schwerbehinderung (zu Kapitel 8.2)

Aufgabe 1:

Im vorliegenden Fall geht es um eine fristlose Kündigung gemäß § 626 BGB. Ein wichtiger Grund liegt in dem Nichtbefolgen der ärztlichen Anweisungen durch Herrn Neumeier. Auch die Schriftlichkeit der Kündigungserklärung nach § 623 BGB sowie ihr Zugang sind im vorliegenden Fall unproblematisch. Fraglich erscheint die Einhaltung der Fristen nach dem BGB und dem SGB IX. Im zweiten Teil des SGB IX ist nun das vor 2001 im Schwerbehindertengesetz enthaltene Schwerbehindertenrecht normiert. Dieses Schwerbehindertenrecht war und ist auch im SGB IX in erster Linie Arbeitsrecht. Einem Menschen mit Schwerbehinderung, dessen Arbeitsverhältnis bereits länger als sechs Monate dauert, kann nur mit Zustimmung des zuständigen Integrationsamtes gekündigt werden.

§ 626 II S. 1 BGB bürdet dem Arbeitgeber die Last auf, die außerordentliche Kündigung innerhalb von zwei Wochen nach Kenntnis der für sie relevanten Tatsachen auszusprechen. Der durch diese Vorschrift vermittelte Zugzwang dient dem Rechtsfrieden (im Arbeitsverhältnis); beide Parteien sollen möglichst schnell Klarheit darüber haben, ob das Arbeitsverhältnis trotz „Entdeckung“ der relevanten Tatsachen durch den Arbeitgeber weiterhin Bestand hat. Es ist für Arbeitgeber aber nahezu unmöglich, innerhalb dieser zwei Wochen auch noch die Zustimmung des Integrationsamtes einzuholen. Auf das Verwaltungsverfahren hat er keinerlei Einfluss, kann also nicht etwa eine schnelle(re) Bearbeitung erzwingen. Daher braucht der Arbeitgeber die Zwei-Wochen-Frist des § 626 II S. 1 BGB nicht einzuhalten, wenn die Kündigung nur unverzüglich nach Erteilung der Zustimmung durch das Integrationsamt erteilt wird (unverzüglich meint dabei ohne schuldhaftes Zögern[132]). Herr Neumeiers Vorwurf, die g GmbH habe bei seiner Kündigung die Vorgaben der §§ 85 ff. SGB IX nicht beachtet, trifft nicht zu. Die Zwei-Wochen-Frist des § 626 II S. 1 BGB begann am 26.08. zu laufen und lief am 09.09. um 24 Uhr ab[133]. Die Kündigung ging Herrn Neumeier nach Erteilung der erforderlichen Zustimmung des zuständigen Intergrationsamtes noch am 09.09., also noch innerhalb der Zwei-Wochen-Frist des § 626 II S. 1 BGB zu. Der Einwand, die Arbeitgeberin habe hier die besonderen Kündigungsschutzvorschriften für Menschen mit Schwerbehinderung nicht beachtet, geht somit ins Leere. Das Arbeitsverhältnis zwischen Herrn Neumeier und der Gesellschaft ist daher durch die (fristlose) Kündigung rechtswirksam beendet worden.

Aufgabe 2:

Frau Sanders Arbeitsverhältnis hatte erst zwei Monate Bestand. Gemäß § 90 I Nr. 1 SGB IX genießt sie daher in diesem Arbeitsverhältnis noch nicht den besonderen Kündigungsschutz für Menschen mit Schwerbehinderung nach den §§ 85 ff. SGB IX. Dies wäre erst dann der Fall, wenn das Arbeitsverhältnis schon länger als sechs Monate ohne Unterbrechung Bestand gehabt hätte. Frau Sanders Arbeitgeber musste daher weder die Zustimmung des zuständigen Integrationsamtes zur Rechtswirksamkeit der Kündigung einholen noch die Mindestkündigungsfrist nach § 86 SGB IX einhalten.

---

[132] *Legaldefinition in § 121 I S. 1 BGB*

[133] *Die Fristberechnung erfolgt gemäß §§ 187 ff. BGB.*

Aufgabe 3:

Dies wäre dann der Fall, wenn vorliegend die Zustimmungsfiktion des § 91 III S.2 SGB IX eingetreten wäre. Diese wäre aber erst mit Ablauf des 28.11. (24 Uhr) eingetreten. Erklärt der Arbeitgeber bereits im Laufe des Tages die Kündigung, an dem um Mitternacht die Frist des § 91 II S. 2 SGB IX verstreicht, so ist das zu früh. Weil die Zustimmungsentscheidung zu diesem Zeitpunkt noch nicht per Fiktion als getroffen gilt, ist die Kündigung von Herrn Lumme unwirksam[134].

Aufgabe 4:

Die fristlose Kündigung greift vorliegend nicht, da der Arbeitgeber vor Ausspruch der Kündigung nicht die für die Rechtswirksamkeit der Kündigung erforderliche vorherige Zustimmung des Integrationsamtes nach §§ 91 I, 85 SGB IX eingeholt hat.

Aber auch eine wirksame Anfechtung des Arbeitsvertrages liegt hier nicht vor. Erforderlich wäre hierfür nämlich gemäß § 123 BGB ein infolge der Täuschung bei der Arbeitgeberin hervorgerufener Irrtum. Ein Irrtum ist das Auseinanderfallen von Wille und Erklärung. Im vorliegenden Fall war die Schwerbehinderung aufgrund der Funktionsbeeinträchtigung der Gliedmaßen und des Rumpfes von Herrn Ortmann jedoch offensichtlich. Ein Irrtum über die Schwerbehinderteneigenschaft konnte daher aufgrund von deren Offensichtlichkeit nicht entstehen.

Das Arbeitsverhältnis zwischen Herrn Ortmann und der Computer-Hilfe AG besteht nach wie vor[135].

Aufgabe 5:

Vor dem Inkrafttreten des SGB IX und des AGG wurde überwiegend das Erfordernis einer wahrheitsgemäßen Antwort des Bewerbers auf die Frage nach der Schwerbehinderteneigenschaft bejaht[136]. Seitdem ist das Meinungsbild indessen umgeschlagen. Nunmehr wird ins Feld geführt, dass bei einer wahrheitsgemäßen Beantwortung der Frage ein wirksamer Diskriminierungsschutz nach den §§ 7, 1 AGG nicht erfolgen könne (ähnlich wurde bereits im Hinblick auf § 81 SGB IX argumentiert, der bereits einige Jahre länger als die Vorschriften des AGG geltendes Recht ist). Eine höchstrichterliche Rechtsprechung zu dieser Frage steht derzeit noch aus[137]. Herr Schweins durfte daher hier im Vorstellungsgespräch die Unwahrheit sagen, ohne dass daraus seiner Arbeitgeberin ein Anfechtungsrecht wegen arglistiger Täuschung gemäß § 123 BGB erwächst[138].

Aufgabe 6:

Frage 1: Es geht vorliegend um einen Lohnanspruch aus einem Arbeitsverhältnis. Hierfür ist unabhängig von der Höhe der Lohnforderung das Arbeitsgericht erstinstanzlich zuständig.

---

[134] *Die Arbeitgeberin könnte hier allerdings noch über „die Schiene" der ordentlichen Kündigung versuchen, das Arbeitsverhältnis zu lösen.*

[135] *andere Ansicht mit entsprechender Argumentation vertretbar*

[136] *vgl. nur BAG, Entscheidung vom 18.10.2000, 2 AZR 380/99 – NZA 2001, 325*

[137] *vgl. aber die Entscheidungen des LAG Hamm vom 19.10.2006, 15 Sa 740/06 sowie des ArbG Berlin vom 07.10.2008, 8 Ca 12611/09; 8 Ca 15665/08*

[138] *andere Ansicht vertretbar*

Frage 2: Nach § 3 I BUrlG stehen einem Arbeitnehmer 24 Werktage pro Jahr als gesetzlich festgelegter Grundurlaub zu. Nach dem im Arbeitsrecht geltenden Günstigkeitsprinzip kann Herr Knauer allerdings für das Jahr 2009 in § 8 seines Arbeitsvertrages festgelegten Urlaub als Grundurlaub in Anspruch nehmen, denn diese Regelung ist für ihn günstiger (29 statt 24 Urlaubstage). Daneben hat er als Mensch mit Schwerbehinderung noch Anspruch auf bezahlten zusätzlichen Urlaub. Denn gemäß § 125 I S. 1 SGB IX haben Menschen mit Schwerbehinderung Anspruch auf fünf zusätzliche Urlaubstage. Im Fall des Herrn Knauer ist die Wartezeit nach § 4 BUrlG (das Arbeitsverhältnis muss mindestens sechs Monate Bestand gehabt haben, bevor ein Urlaubsanspruch des Arbeitnehmers entsteht) erfüllt. Die Beendigung des Arbeitsverhältnisses vor Jahreswechsel hat die Höhe des Herrn Knauer zustehenden Urlaubs von insgesamt 34 Tagen für das Kalenderjahr 2009 unberührt gelassen (§ 5 I BUrlG). Seine Arbeitgeberin muss daher Herrn Knauer den Urlaub, der bei Beendigung des Arbeitsverhältnisses noch nicht gewährt worden war, gemäß § 7 IV BUrlG abgelten. Das Gericht wird daher die g GmbH zu der von Herrn Knauer begehrten Abgeltung von 5 Urlaubstagen verurteilen.

10.11 Lösungen zu den umfassenden Fällen (zu Kapitel 9)

Fall 1:

Entgegen einer weitverbreiteten Ansicht haften Eltern im deutschen Recht mitnichten für ihre Kinder (juristischer Mythos). Im deutschen Recht gibt es keine Sippenhaft. Jeder haftet nur für die Schäden, die auf eine von ihm selbst verursachte Handlung zurückzuführen sind. Meistens muss zu dieser sogenannten Kausalität auch noch hinzutreten, dass das eigene Handeln schuldhaft im Sinne des § 276 BGB (vorsätzlich oder fahrlässig) war. Wenn eine Norm ein derartiges schuldhaftes Handeln erfordert, so handelt es sich um eine sogenannte Verschuldenshaftung[139].
Abgesehen davon kann es nicht entscheidend darauf ankommt, ob jemand ein Schild anbringt oder nicht. Das Anbringen des Schildes begründet daher keinerlei rechtliche Folgen. Es dient lediglich der Abschreckung.
Kevin hat als Fünfjähriger noch nicht das siebte Lebensjahr vollendet und ist daher nicht deliktsfähig[140]. Er haftet daher nicht für den von ihm verursachten Schaden[141].
Weder Sie noch die Eltern haften nach § 832 BGB. Weder die Eltern, denen als Personensorgeberechtigten die Aufsichtspflicht kraft Gesetzes gemäß § 832 I BGB, noch Sie, dem/der sie kraft Vertrages mit den Eltern gemäß § 832 II BGB obliegt, haben eine Aufsichtspflichtverletzung begangen. Bei Kindern mit Behinderung richtet sich der Umfang der Aufsichtspflicht insbesondere nach ihrer Eigenart[142]. Jedoch leidet hier Kevin nicht einer derartigen geistigen Behinderung, dass seine Eigenart (etwa aufgrund von destruktivem Verhalten) eine ständige Beobachtung erforderlich machen würde. Genauso wie ein Kind ohne körperliche Behinderung seine eigenen Erfahrungen machen muss, so muss dies auch Kevin. Bei einem Spielen in unmittelbarer räumlicher Nähe kann nicht von einer Nichterfüllung der Aufsichtspflicht ausgegangen werden[143].

---

[139] Ausnahmsweise ist dies nicht der Fall. Man spricht dann von einer sogenannten Gefährdungshaftung. Beispiele für eine derartige Gefährdungshaftung sind die Haftung des Tierhalters gemäß § 833 BGB und die Haftung des Kfz-Halters gemäß § 7 StVG.

[140] vgl. § 828 I BGB

[141] Auf den Gedanken, dass Kevin selbst haften könnte, ist Frau Suhrbier erkennbar nicht gekommen.

[142] BGH, NJW 1985, 677

[143] BGH LM § 683, Nr. 5

Weder Sie noch Kevins Eltern haftet daher Frau Suhrbier für den durch Kevins Handeln entstandenen Schaden[144].

Fall 2:

Beurteilung des Falles in arbeitsrechtlicher Hinsicht:
Frau Hunze hat am Streiktag nicht gearbeitet. Nach dem Grundsatz „ohne Arbeit kein Lohn" käme daher ein entsprechender Lohnabzug bei der nächsten Gehaltszahlung in Betracht. Jedoch greift vorliegend § 3 I EFZG als gesetzlich normierte Ausnahmevorschrift zu diesem Grundsatz ein. Frau Hunze trifft kein Verschulden daran, dass sie ihre Arbeitsleistung an diesem Tag nicht erbracht hat. Auch hat sie mit ihrem Telefonanruf und der Vorlage der Arbeitsunfähigkeitsbescheinigung direkt am nächsten Tag den ihr nach § 5 EFZG obliegenden Anzeige- und Nachweispflichten genügt. Der Arbeitgeber ist daher gesetzlich verpflichtet, Frau Hunze auch für den Streiktag den vollen Lohn zu bezahlen.

Beurteilung des Falles in strafrechtlicher Hinsicht:
Siegfried Solms hat sich durch sein Verhalten am Morgen des Streiks strafbar gemacht. Zwar ist es ihm nicht verboten, andere Arbeitnehmer daraufhin anzusprechen, ob sie sich nicht auch solidarisieren wollten. Jedoch ist hier die Grenze zu einem strafrechtlich relevanten Verhalten durch seine darauf folgenden Handlungen überschritten worden. Die Titulierung von Hertha Hunze als „Scheiß-Streikbrecherin" ist als Beleidigung im Sinne des § 185 StGB einzuordnen. Mit seiner Wortwahl hat Herr Solms seine Miss- bzw. Nichtachtung von Frau Hunze zum Ausdruck gebracht. Der objektive Tatbestand liegt damit vor. Weiterhin tat er dies auch mit Wissen und Wollen, sodass auch der subjektive Tatbestand vorliegt. Einen Rechtfertigungsgrund im strafrechtlichen Sinne kann Herr Solms wider die Rechtswidrigkeit seines Handelns nicht ins Feld führen. Die etwas erregte Stimmung vor den Toren des Altenheims reicht hierzu nicht aus, ebenso wenig wie für die Annahme eines Entschuldigungsgrundes. Herr Solms handelte daher auch schuldhaft.
Weiterhin ist in dem Schubsen und der sich daran anschließenden Verletzung von Frau Hunze eine Körperverletzung im Sinne des § 223 I StGB zu erblicken. Das Schubsen als solches stellt eine üble, unangemessene Behandlung dar. Zwar wusste und wollte Herr Solms vielleicht nicht, dass Frau Hunze in Folge dessen stürzen und daraufhin noch Hautabschürfungen erleiden würde. Er hat dies aber billigend in Kauf genommen. Der subjektive Tatbestand einer Körperverletzung liegt demnach ebenfalls vor. Herr Solms handelte auch rechtswidrig und schuldhaft.
Zu beachten ist, dass die Körperverletzung ein sogenanntes relatives (vgl. § 230 I StGB), die Beleidigung hingegen ein absolutes (vgl. § 194 I S. 1 StGB) Antragsdelikt ist. Dies bedeutet, dass die Beleidigung nur bei Vorliegen eines Strafantrages von Frau Hunze verfolgt werden würde, während bei der Körperverletzung das Fehlen eines derartigen Antrages durch das Vorliegen eines öffentlichen Interesses ersetzt werden kann. Würde Frau Hunze also zunächst im Hinblick auf beide Delikte Strafantrag stellen, diesen später allerdings wieder zurückziehen, so würde die Staatsanwaltschaft die Verfolgung der Beleidigung einstellen. Hinsichtlich der Körperverletzung müsste sie aus ihrer Sicht entweder ein öffentliches Interesse bejahen, oder sie müsste sie die Verfolgung ebenfalls einstellen.

---

[144] Entweder haben sich Herr und Frau Suhrbier gegen ein derartiges Ereignis versichert oder sie bleiben auf dem ihnen entstandenen Schaden sitzen.

Beurteilung des Falles in deliktsrechtlicher Hinsicht:
Herr Solms hat gegenüber Frau Hunze eine unerlaubte Handlung im Sinne des § 823 I BGB begangen. Verletztes Rechtsgut ist hier der Körper von Frau Hunze. Da eine Wiedergutmachung des Schadens im Wege der Naturalrestitution (vgl. § 249 I BGB) nicht in Betracht kommt, ist Herr Solms verpflichtet, Frau Hunze für die erlittenen Schmerzen ein Schmerzensgeld in angemessener Höhe zu zahlen (vgl. § 253 II BGB[145]).
Darüber hinaus steht Frau Hunze auch noch die Anspruchsgrundlage des § 823 II BGB i. V. m. § 223 I StGB (Schutzgesetz zugunsten von Frau Hunze) zur Seite.

Merksatz
Ein Anspruch im Rechtssinne ist das Recht, von einem anderen ein Tun oder Unterlassen zu verlangen (Legaldefinition in § 194 I BGB)[146].

Fall 3:

Frage 1: Die Abkürzung WfbM steht für „Werkstatt für behinderte Menschen", eine Einrichtung der beruflichen Rehabilitation im Sinne der §§ 19, 35 und 35 SGB IX. Gemäß § 136 I SGB IX handelt es sich um eine Einrichtung zur Teilhabe Menschen mit Behinderung am Arbeitsleben und zur Eingliederung in das Arbeitsleben. Die WfbM selber ist Teil des sogenannten 2. Arbeitsmarktes. Sie soll den Übergang der bei ihr beschäftigten Menschen mit Behinderung auf den allgemeinen (oder auch ersten) Arbeitsmarkt fördern (§ 136 I 3 SGB IX).

Frage 2: In § 136 I S. 2 und 3 SGB IX finden sich die Aufgaben einer WfbM aus der Sicht der Einrichtung. Danach hat die WfbM denjenigen Menschen mit Behinderung, die wegen der Art und der Schwere der Behinderung nicht, noch nicht oder noch nicht wieder auf dem allgemeinen Arbeitsmarkt beschäftigt werden können, eine angemessene berufliche Bildung und eine Beschäftigung zu einem ihrer Leistung angemessenen Arbeitsentgelt aus dem Arbeitsergebnis anzubieten, zu ermöglichen, ihre Leistungs- oder Erwerbsfähigkeit zu erhalten, zu entwickeln, zu erhöhen oder wiederzugewinnen und dabei ihre Persönlichkeit weiterzuentwickeln. Weiterhin hat sie den Übergang geeigneter Personen auf den allgemeinen Arbeitsmarkt durch geeignete Maßnahmen zu fördern.

Frage 3: Es steht in der Vorschrift, dass die Werkstätten die Menschen mit Behinderung aufnehmen, wenn die im Einzelnen in der Vorschrift aufgezählten Voraussetzungen vorliegen. Es handelt sich demnach um eine Mussvorschrift. Die Menschen mit Behinderung, auf die die in § 137 SGB IX aufgezählten Voraussetzungen zutreffen, haben demnach einen Rechtsanspruch auf ihre Aufnahme in die WfbM.

Frage 4: Ein Betreuer ist eine Person, die für einen Volljährigen die Rechtsfürsorge übernimmt, soweit dieser seine Angelegenheiten aufgrund einer psychischen Krankheit oder einer körperlichen, geistigen Behinderung ganz oder teilweise nicht (mehr) selbst besorgen kann. Die gesetzlichen Regelungen finden hierzu finden sich im 4. Buch des BGB (Familienrecht, §§ 1896 ff. BGB). Ein Betreuer wird vom Amtsgericht (Unterabteilung Betreuungsgericht) bestellt. Die drei typischen Aufgabenkreise eines Betreuers, die sich in

---

[145] *Hier handelt es sich um einen Nicht-Vermögensschaden, der nur dann zu ersetzen ist, wenn das Gesetz dies ausdrücklich vorsieht. Grundsätzlich werden dem Geschädigten nur Vermögensschäden ersetzt (vgl. § 253 I BGB).*

[146] *Wenn Sie also eine Norm im BGB gefunden haben und nicht genau wissen, ob es sich hierbei um eine Anspruchsgrundlage handelt, so lesen Sie § 194 I BGB und danach unter diesem Gesichtspunkt die Norm noch einmal aufmerksam durch.*

der gerichtlichen Praxis herausgebildet haben sind die der Vermögenssorge, der Aufenthaltsbestimmung und der Gesundheitsfürsorge.

Frage 5: Herr Bast hat keine Vorstellung davon, was es bedeutet, wenn man einen Vertrag eingeht. Er ist daher geschäftsunfähig im Sinne des § 104 Nr. 2 BGB. Wenn er einem anderen gegenüber eine Willenserklärung abgibt, so ist diese nichtig (§ 105 BGB), begründet also keinerlei rechtliche Wirkungen. Da Herr Bast keine rechtswirksame Willenserklärung abgeben kann, muss dies an seiner Stelle sein Betreuer Herr Waffner für ihn tun. Eine Ausnahme hiervon gibt es allerdings: nach § 105a BGB kann Herr Bast bei Vorliegen bestimmter Voraussetzungen Geschäfte des täglichen Lebens allein „über die Bühne" bringen.

Frage 6: Wie jeder andere Vertrag kommt auch der Werkstattvertrag durch zwei übereinstimmende Willenserklärungen der beiden Vertragsparteien (Angebot und Annahme) zustande. Vertragsparteien sind im vorliegenden Fall die Behindertenwerkstatt Nordrhein g GmbH und Herr Bast. Aber: keine der beiden Vertragsparteien kann hier selbst eine rechtswirksame Willenserklärung abgeben. Die g GmbH nicht, weil sie als rein gedankliches Konstrukt weder Hirn noch Mund hat, mit deren Hilfe sie einen Willen bilden und aussprechen könnte. Herr Bast nicht, weil dieser geschäftsunfähig ist, eine von ihm abgegebene Erklärung somit nichtig ist und nicht zum Vertragsschluss führt. Daher müssen an der Stelle der beiden Vertragsparteien andere handeln, obwohl die Vertragsparteien diejenigen sind, die (allein) nach dem Vertrag verpflichtet und berechtigt sind. Für die g GmbH als juristische Person (§ 13 I GmbHG) handelt die Geschäftsführerin Frau Paulmann, da sie die gesetzliche Vertreterin der g GmbH ist (§ 35 I GmbHG). Für Herrn Bast handelt Herr Waffner als sein Betreuer.

Frage 7: Ja, Herr Bast könnte hier Leistungen der Berufsbegleitung gemäß § 38a III SGB IX in Anspruch nehmen. Für Leistungen zur individuellen betrieblichen Qualifizierung nach § 38a II SGB IX bleibt in der vorliegenden Fallkonstellation kein Raum, da deren Zweck (Abschluss eines sozialversicherungspflichtigen Arbeitsverhältnis zwischen dem Menschen mit Behinderung und einem Arbeitgeber des ersten Arbeitsmarktes) hier ja bereits erreicht ist. Herr Kohl hat gegenüber Herrn Bast ein rechtsverbindliches Angebot auf Abschluss eines Arbeitsvertrages (Unterfall des Dienstvertrages gemäß den §§ 611 ff. BGB) abgegeben. Infolge des Praktikums ist klar, dass Herr Bast die von Herrn Kohl zu vergebenden Arbeitsaufgaben bewältigen kann. Einer „Trainingmaßnahme" in Form einer individuellen betrieblichen Qualifizierung bedarf es deshalb nicht. Jedoch wäre es für die Stabilisierung des Arbeitsverhältnisses von Nutzen, würde Herr Bast zumindest in der ersten Zeit noch von einem außenstehenden Dritten betreut.

Frage 8: Den Bedenken der Geschäftsleitung kommt keine rechtliche Relevanz zu, denn allein der Betreuer (hier: Herr Waffner) kann anstelle des Betreuten (hier: Herr Bast) handeln. Im Gegenteil verstößt sie hier sogar gegen ihre (vertragliche) Pflicht[147], Herrn Bast durch geeignete Maßnahmen speziell für seinen geplanten Übertritt auf den allgemeinen Arbeitsmarkt zu fördern (§ 5 IV WVO).

Frage 9: Zunächst einmal müsste er das Werkstattverhältnis zwischen der von ihm betreuten Person und der g GmbH rechtlich beenden. Da es sich hierbei ebenso wie bei einem Arbeitsvertrag um ein Dauerschuldverhältnis handelt, müsste er anstelle von Herrn Bast die Kündigung erklären. Nach dem Ende dieses Rechtsverhältnisses müsste

[147] *LPK-SGB IX § 138, Rn. 15*

er anstelle von Herrn Bast mit Herrn Kohl einen Arbeitsvertrag abschließen. Zwar bedarf ein Arbeitsvertrag nicht der Schriftform. Jedoch ist ein schriftlicher Arbeitsvertrag aus Beweissicherungsgründen dringend zu empfehlen.

Frage 10: § 138 I SGB IX sieht die Möglichkeit vor, dass die Menschen mit Behinderung auch in einer WfbM nicht nur in einem arbeitnehmerähnlichen Rechtsverhältnis, sondern in einem regulären Arbeitsverhältnis beschäftigt werden können. Daher könnte die Werkstatt Herrn Bast ein Angebot auf Abschluss eines Arbeitsvertrages als Unterfall des Dienstvertrages (§§ 611 ff. BGB) machen, um diesen zu halten. Eine Entlohnung, die geringer als die bei Herrn Kohl wäre, stünde einer Einordnung des angestrebten neuen Rechtsverhältnisses als Arbeitsverhältnis nicht entgegen. Die Werkstattleitung könnte daher versuchen, Herrn Waffner als Betreuer von Herrn Bast für ihr Ansinnen zu gewinnen.

Literaturverzeichnis und weiterführende Literaturhinweise

Castendiek, Jan/Hoffmann, Günther: Das Recht der behinderten Menschen, 3. Auflage, Nomos Verlagsgesellschaft, Baden-Baden 2009 [zitiert als Castendiek/Hoffmann]

Dau, Dirk/Düwell, Franz/Haines, Hartmut (Hrsg.): Sozialgesetzbuch IX, Lehr- und Praxiskommentar, 2. Auflage, Nomos Verlagsgesellschaft, Baden-Baden 2009 [zitiert als LPK-SGB IX]

Doll, Erhard: Praxisorientierte Heilerziehungspflege, Bausteine des Rechts, 2. Auflage, Bildungsverlag EINS, Troisdorf 2009

Helml, Ewald: Arbeitsrecht für Pflegekräfte, 1. Auflage, Bund-Verlag, Frankfurt am Main 2009

Luthe, Rehabilitationsrecht, 1. Auflage, Erich Schmidt Verlag, Berlin 2009

Rombach, Unterstützte Beschäftigung – ein neuer Leistungstatbestand des Rechts der Teilhabe am Arbeitsleben (§ 38a SGB IX), in: SGb 2009, S. 61 ff.

Trenczek, Thomas/Tammern, Britta/Behlert, Wolfgang: Grundzüge des Rechts Studienbuch für soziale Berufe, 1. Auflage, Ernst Reinhardt Verlag, München 2008

Sachwortverzeichnis